La «Numancia» de Cervantes

ALFREDO HERMENEGILDO

LA "NUMANCIA" DE CERVANTES

Colección «BIBLIOTECA DE CRITICA LITERARIA»

SOCIEDAD GENERAL ESPAÑOLA DE LIBRERIA, S. A.
Evaristo San Miguel, 9
MADRID - 8

Colección «Biblioteca de Crítica Literaria», n.º 1
dirigida por Luciano García Lorenzo

ISBN 84-7143-110-6

Depósito legal: M. 37040-1976
Printed in Spain - Impreso en España por
Selecciones Gráficas, Carretera de Irún, km. 11,500. Madrid, 1976

*En recuerdo de los numantinos que
supieron pactar con Roma
o que
buscaron en la huida
el difícil camino de la continuidad.*

SUMARIO

ÍNDICE

INTRODUCCION

La lectura de *La destruyción de Numancia* es un ejercicio que difícilmente puede acabarse con la sensación plena de haber llegado a lo más profundo de la intencionalidad cervantina. Probablemente porque el mismo autor ni pudo ni quiso establecer de una manera inflexible su propia manera de concebir los personajes. La figura que más resalta en la obra es, sin duda, la del general romano Escipión, Cipión, el aparente triunfador. Y, sin embargo, Cervantes no ha hecho con él la imagen del enemigo odioso y odiado. Los romanos no triunfarán. Los numantinos tampoco. Hay en la jornada segunda un cuerpo muerto que habla y expresa, de forma clara, la verdadera tensión interna de la obra:

> «No lleuarán rromanos la vitoria
> de la fuerte Numançia, ni ella menos
> tendra de el enemigo triunfo o gloria,
> amigos y enemigos siendo buenos» [1].

¡Amigos y enemigos siendo buenos! Esta es posiblemente la frase que va más al fondo del alma cervantina, desgarrada por una fuerte y trágica duda interior, por una dolorosa sensación de estar dividida entre la inclinación hacia un Cipión cruel y humano, al mismo tiempo, y hacia unos numantinos definitivamente encerrados en una situación irremediable. *La destruyción de Numancia,* como buena parte de la producción

---

[1] CERVANTES: *Comedias y entremeses,* Edic. Schevill-Bonilla, vol. V, páginas 147-8.

de Cervantes, es una manifestación auténtica de la profunda inestabilidad sico-social de su autor.

Roma y Numancia, o sus trasuntos, han quedado íntimamente unidos por la tragedia. Los romanos serán los portavoces del heroísmo numantino. El caudillo Teógenes habla en estos términos a las mujeres de la ciudad asediada:

> «Solo se a de mirar que el enemigo
> no alcançe de nosotros triunfo o gloria;
> antes a de seruir el de testigo
> que aprueue y determine la ystoria» [2].

Roma aparece así como un instrumento, como una caja de resonancia de la fama numantina. La información sobre el heroísmo de Numancia nos llega a través de los romanos. Los hechos históricos son, por otra parte, la prueba patente de esta condición inherente al papel representado por Roma. Cervantes ha interpretado el pasado después de haberlo impregnado de esencias, de dolorosas esencias, del presente. Espero que las páginas que siguen sirvan para comprender mejor el sentido de las inclinaciones íntimas de nuestro autor. La posibilidad de rasgar un poco más el velo que oculta las vivencias hondas de la España de Felipe II bien merecía el riesgo y el esfuerzo.

Para terminar, quisiera que estas palabras de introducción testimoniaran mi profundo agradecimiento a Antonio Gómez-Moriana y a Félix Carrasco por las amables y jugosas observaciones que me hicieron tras una lectura atenta de parte del manuscrito; a quienes participaron en el «Coloquio sobre Cervantes», celebrado en la Universidad de Montreal el 14 de noviembre de 1975, donde presenté la idea central de este trabajo; a Luciano García-Lorenzo por su cordial invitación a colaborar en esta colección; y a Mercedes Lacalle, mi mujer, por su constante paciencia y eficaz ayuda.

Montreal, febrero de 1976.

---

[2] Id., p. 161.

I.

CERVANTES
Y «LA DESTRUYCION
DE NUMANCIA»

Recuerdo de unos años cervantinos

Dejaremos de lado la larga serie de datos harto conocidos —o, al menos, harto pregonados— sobre el nacimiento, infancia y juventud de Miguel de Cervantes Saavedra, por no creer oportuno al caso que nos ocupa el tener que tratar de semejante tema. El constante peregrinar cervantino de Alcalá de Henares a Valladolid, de Córdoba a Sevilla, de Madrid a Roma, de Chipre a Lepanto, se detiene para nosotros en aquel 20 de setiembre de 1575, día en que nuestro autor sale de Nápoles, a bordo de la galera «Sol», con la flota dirigida por Sancho de Leiva. A partir de estos años debió de concebir Cervantes la obra *La destruyción de Numancia,* de que vamos a ocuparnos en el presente estudio.

Cuando la nave «Sol», al llegar a la altura de las Saintes Maries el 26 de setiembre, se tropezó con las galeras turcas en que iban el renegado albanés Arnaute Mamí y Dalí Mamí, llamado el Cojo, el encuentro desventurado trajo como consecuencia irremediable el largo cautiverio cervantino en tierras de Argel. Cervantes quiso huir varias veces. «Y las cuatro memorables tentativas que aquel "estropeado español", preocupación del rey Azán, hizo para realizar la fuga con algunos de sus compañeros»[3] fracasaron estrepitosamente. «En la última de ellas, la más audaz de todas, los delató aquel famoso doctor Juan

---

[3] Narciso Alonso Cortés: «Cervantes», en *Historia general de las literaturas hispánicas,* II, 1968, p. 805.

Blanco de Paz, que ha pasado a la posteridad como "el mayor enemigo de Cervantes"» [4].

Durante el cautiverio, nuestro autor escribió, entre otras obras, la famosa epístola a Mateo Vázquez, secretario del rey Felipe II. Cervantes se dirigía a tan alto personaje para que éste influyera en la voluntad real con el fin de que el ejército español recibiera orden de liberar a tantos cautivos como penaban en las cárceles norteafricanas. La petición cervantina no fue escuchada. Y, sin embargo, prescindiendo del tono lamentablemente adulador de las primeras estrofas, ¡cuánta tristeza destilan las quejas del poeta! La prisión, la ausencia de libertad, la sensación de estar oprimido y a merced de intereses inhumanos...

«y en la esquiua prision, amarga y dura,
adonde agora quedo, estoy llorando
mi corta infelizissima ventura,
con quexas tierra y cielo importunando,
con suspiros el ayre oscuresçiendo,
con lagrimas el mar accrescentando.
Vida es esta, señor, do estoy muriendo,
entre barbara gente descreida
la mal lograda juuentud perdiendo» [5].

Más adelante se refiere al viaje en la galera «Sol» y al encuentro con las naves enemigas. Y dice:

«Senti de ageno yugo la gran carga,
y en las manos sacrilegas malditas
dos años ha que mi dolor se alarga.
Bien se que mis maldades infinitas,
y la poca attriçion q'en mi se ençierra,
me tiene entre estos falsos ismaelitas.
Cuando llegué vençido, y vi la tierra,
tan nombrada en el mundo, q'en su seno
tantos piratas cubre, acoge y çierra,
no pude al llanto detener el freno,
que a mi despecho, sin saber lo que era,
me vi el marchito rostro de agua lleno» [6].

[4] Id.
[5] CERVANTES: *Comedias y entremeses,* Edic. Schevill-Bonilla, volumen VI, pp. 24-5.
[6] Id., pp. 27-8.

Recordemos, de pasada, la sutil distinción que hace Cervantes entre los musulmanes, los auténticos ismaelitas, contra los que no tiene ninguna palabra de rencor, y «estos falsos ismaelitas», es decir, los renegados que, según él, organizaban y controlaban la piratería mediterránea. El detalle me parece significativo a la hora de valorar la actitud cervantina frente al problema morisco.

Miguel de Cervantes vio llegar el rescate de su hermano Rodrigo, también cautivo, en 1577. Pero su propia liberación no se produjo hasta el 19 de setiembre de 1580. El trinitario fray Juan Gil puso fin a los casi cinco años que duró el largo encierro de Cervantes. La intervención del fraile se produjo muy a tiempo, porque pesaba sobre nuestro autor la inminencia de la deportación a Constantinopla, de donde le habría sido casi imposible salir con vida. Cervantes fue rescatado *in extremis*.

Al regresar a España en noviembre de 1580, el ex-cautivo se instala en Madrid, donde se encontraba su familia. Sabemos que después pasó por Portugal, con motivo de la visita de Felipe II para recibir juramento de fidelidad de sus nuevos súbditos.

Estamos en los años iniciales de la década de 1580. Cervantes se casa con Catalina de Salazar y Palacios, vecina de Esquivias. Nuestro autor ha cumplido ya los treinta y siete años y su vida empieza a cargarse de experiencias inolvidables. Su nombre corre junto con los de los escritores del momento, según parecen dar fe las alusiones que a ellos hace en el *Canto de Caliope,* incluido en *La Galatea.* En 1585 publica precisamente la primera parte de esta misma *Galatea.*

Cervantes, en el *Prólogo al lector* que precede la edición de sus *Ocho comedias y ocho entremeses nuevos nunca representados* [7], nos hace una serie de indicaciones, muy utilizadas por la crítica, sobre esta época de su actividad literaria. Y dice «que se vieron en los teatros de Madrid representar *Los tratos de Argel,* que yo compuse, *La destruycion de Numancia* y *La*

---

[7] CERVANTES: *Ocho comedias y ocho entremeses nvevos nunca representados. Compuestas por Migvel de Cervantes Saauedra.* Madrid, Viuda de Alonso Martín, 1615.

batalla naual, donde me atreui a reduzir las comedias a tres
jornadas, de cinco que tenian; mostre, o, por mejor dezir, fui
el primero que representasse las imaginaciones y los pensamientos escondidos del alma, sacando figuras morales al teatro,
con general y gustoso aplauso de los oyentes; compuse en este
tiempo hasta veynte comedias o treynta, que todas ellas se re-
citaron sin que se les ofreciesse ofrenda de pepinos ni de otra
cosa arrojadiza: corrieron su carrera sin siluos, gritas ni ba-
raundas. Tuue otras cosas en que ocuparme, dexè la pluma y
las comedias, y entrò luego el monstruo de naturaleza, el gran
Lope de Vega, y alçóse con la monarquia comica» [8].

Es decir, que, dejando aparte los poemas escritos por el
autor al principio de su vida adulta, la iniciación literaria de
Cervantes se hace a través de su participación en la vida teatral
madrileña de los años que siguen inmediatamente su vuelta de
Argel.

El momento exacto de la actividad dramática cervantina de
la primera época debe situarse así. Cervantes retorna del cautiverio y entra en Madrid en diciembre de 1580. Felipe II está
aún en Badajoz preparando las Cortes para recibir el juramento de fidelidad de sus nuevos súbditos, los portugueses, juramento que le había de ser prestado en la ciudad de Thomar
el mes de abril de 1581. El reino lusitano acababa de caer en
las manos del Rey Prudente. Cervantes va a Portugal y, al volver a Madrid en 1582, empieza su actividad literaria. Nuestro
autor se dedicará intensamente al teatro entre el fin de 1582
y los principios de 1583, y el año 1587, en que «tuue otras
cosas en que ocuparme, dexè la pluma y las comedias» [9].

Por estas fechas trabajan en los corrales de Madrid (el de
la Cruz y el del Príncipe) unos treinta *autores* o directores de
compañías teatrales. Durante la época inmediatamente anterior
a la entrada de Cervantes en escena, triunfaban en los corrales sevillanos las obras de Juan de la Cueva. Astrana Marín
supone [10] con razón que algunas de las compañías que actua-

---

[8] CERVANTES: *Comedias y entremeses,* Edic. Schevill-Bonilla, volumen I, pp. 7-8.

[9] Id., p. 7.

[10] LUIS ASTRANA MARÍN: *Vida ejemplar y heroica de Miguel de
Cervantes Saavedra.* III. Madrid, Instituto Editorial Reus, 1951, p. 317.

ban en la ciudad del Guadalquivir pasarían igualmente por los teatros madrileños con las comedias y tragedias de Cueva.

Pero sabemos muy poco de quiénes estrenaban obras dramáticas en los escenarios de la época, salvo excepciones y suposiciones como la señalada en el caso de Juan de la Cueva. No tenemos ninguna noticia de quién estrenó *Los tratos de Argel* ni *La destruyción de Numancia,* que son las únicas obras conservadas del primer Cervantes dramaturgo. Astrana Marín piensa que nuestro autor debió de tener relaciones con el amigo de la infancia y «listo farandulero» [11], Tomás Gutiérrez. No dejaría de influir también en el *lanzamiento* de Cervantes su amistad con «Alonso Getino de Guzmán, que corrió con las obras y gastos de la construcción del teatro de la Cruz, y nunca se desligó del contacto con sus antiguos compañeros los actores y aun de procurarles gente nueva para representar» [12].

Con estas o con otras amistades, entraría Cervantes en contacto con el mundo de la farándula, si hemos de creer su propia declaración de haber representado veinte o treinta obras dramáticas en los corrales madrileños de la época. «Desde mediados de 1583, se entregó de lleno a la vida de escritor teatral, frecuentando los «corrales» y las compañías y compañía de los cómicos, cuyos azares, tretas y poco recomendables costumbres conoció en seguida, con su ojo penetrante y observador, admirablemente» [13]. La mejor prueba de esta gran preocupación cervantina por la vida de la escena es la larga serie de alusiones que hace al teatro, a los actores y a sus primeras piezas dramáticas en buena parte de sus obras posteriores. La novela *El coloquio de los perros, El licenciado Vidriera,* el *Persiles y Segismunda,* el prólogo a las *Ocho comedias* anteriormente citado, la *Adjunta* del *Viaje del Parnaso, Pedro de Urdemalas,* el *Quijote,* son otras tantas ocasiones para presentar una crítica del teatro del tiempo que estudiamos, «de los actores y del arte de representar, una lección profunda desde los fundamentos de él hasta los requisitos que ha de tener un

---

[11] Id., p. 319.
[12] Id., p. 321.
[13] Id., pp. 321-2.

buen farsante. Es como otra lección de Hamlet a los cómicos» [14].

Pasando por alto la tan característica pirueta del párrafo de Astrana Marín, sí es curioso constatar la gran preocupación cervantina por el arte y el mundillo teatrales de este decenio iniciado en 1580. Volvamos al texto del prólogo a las *Ocho comedias* citado anteriormente. Muchas veces se ha hablado de él y creo, sin embargo, que aún debe considerarse como punto de partida para acercarse con más seguridad al conocimiento del primer teatro cervantino y, en consecuencia, de *La destruyción de Numancia.*

Nos señala Cervantes tres obras propias que se representaron en los teatros madrileños. Y las cita por sus nombres: *Los tratos de Argel, La destruyción de Numancia* y *La batalla naval.* Habla de otras veinte o treinta comedias que fueron también «recitadas», pero sus títulos nos son silenciados. La primera constatación que cabe hacer es que *Los tratos de Argel* presenta un tema querido para Cervantes: su reciente estancia en Argel. «Más que una comedia en el sentido real de la palabra —señala Astrana Marín—, dijérase esta obra (documento de los más interesantes para la vida del autor) una relación viva, doliente y trágica, de las torturas del cautiverio de Argel, presentes en su recuerdo, escrita con la intención de mover a Felipe II a concluir con aquel nido de piratas y excitar la caridad del público hacia la demanda de los padres Redentoristas» [15]. *La batalla naval,* obra perdida, debía de representar el fruto inmediato de la experiencia que su autor adquirió en la gran batalla de Lepanto, «la batalla naval» por antonomasia para el creador de don Quijote. Es decir, se trataría, probablemente, de otra obra dramática cargada de recuerdos personales y construida sobre elementos muy cercanos a la vida del autor. La pregunta siguiente parece imponerse como una necesidad: ¿por qué señaló Cervantes una tercera obra, *La destruyción de Numancia,* destacada del grupo de veinte o treinta con las dos citadas líneas arriba, si en ella no encontramos ningún elemento de la vida personal del escritor? ¿No

---

[14] Id., p. 322.
[15] Id., pp. 328-9.

es posible leer *La destruyción de Numancia* con el pensamiento puesto en las inquietudes, preocupaciones y tensiones íntimas de Cervantes? ¿O será mejor seguir viendo desfilar por sus escenas la eterna serie de personajes cargados del polvo de los años como otras tantas reliquias de un museo de arqueología? En este trabajo he pretendido acercarme al texto cervantino con la idea de buscar en él algo más que una reconstrucción fiel o, incluso, «patriótica» del drama de Numancia. Y esta primera aparición de la obra, junto con las visiones dramáticas de dos vivencias cervantinas, me hace sospechar que nuestro autor no puso en lugar destacado las tres comedias de manera puramente gratuita o accidental.

En el mismo texto del citado prólogo, señala Cervantes que «fui el primero que representasse las imaginaciones y los pensamientos escondidos del alma, sacando figuras morales al teatro, con general y gustoso aplauso de los oyentes» [16]. Hay muchas obras dramáticas o paradramáticas anteriores a Cervantes en que aparecen figuras morales. Tal ocurre en los casos del marqués de Villena, las danzas de la muerte, el padre Pedro de Acevedo, Juan de la Cueva, Andrés Rey de Artieda, etc... En todos ellos encontramos las figuras alegóricas, o morales, como las llama Cervantes. Y, sin embargo, nuestro autor parece identificarse a sí mismo como el iniciador de la técnica teatral que echaba mano de este tipo de personajes dramáticos.

Astrana Marín, en su obra varias veces citada, intenta buscar una solución a la contradicción, paradoja o simple ignorancia cervantina. Y dice: «¿Qué resta, entonces, de la afirmación de Cervantes de ser *el primero* en sacar "figuras morales al teatro con general y gustoso aplauso de los oyentes"? Pues eso: que fué el primero en sacarlas con aplauso general; las habían sacado infinitos otros, pero sin éxito hasta él. Tal es el sentido lógico de sus palabras, con lo que este punto, tan discutido en crítica cervantina, puede darse por acabado» [17].

La observación de Astrana Marín me parece aguda, pero no llega a resolver el problema. Lo que Cervantes viene a decir,

---

[16] CERVANTES: *Comedias y entremeses,* Edic. Schevill-Bonilla, volumen I, p. 7.
[17] ASTRANA MARÍN: *Ob. cit.,* p. 324.

me parece a mí, es que fue el primero que sacó a escena «las imaginaciones y los pensamientos escondidos del alma». Y que, para presentarlos al público, utilizó las figuras morales, con lo que consiguió el aplauso de los oyentes. En otras palabras, la Fama de *Los amantes,* de Rey de Artieda, o la Fama que aparece en el teatro de Juan de la Cueva, son figuras morales, simbólicas, alegóricas, pero no presentan al público «las imaginaciones o los pensamientos escondidos del alma» de los personajes y, en consecuencia, del autor. Cuando aparecen en las tablas de *La destruyción de Numancia* las figuras de España, de la Guerra o del Hambre, se trata de tres figuras morales que se integran en la acción íntimamente, ya que suponen la exteriorización de los pensamientos, las convulsiones espirituales y los sufrimientos corporales de los miles de numantinos cercados por los romanos. Cervantes usó elementos ya conocidos del teatro anterior —las figuras morales— para dejar manifiesta la exhibición de la agitación interior numantina. Lo nuevo es el desdoblamiento, la exteriorización. Cervantes reclama para sí la gloria de haber innovado en esto. Y añade: por haber dado a las figuras morales un contenido —que no tenían antes, interrumpo yo— dramáticamente productivo, los oyentes asistieron gustosos a las obras y las premiaron con aplausos.

Creo que de esta manera se comprende y se justifica plenamente la reclamación cervantina. Y desaparece toda ambigüedad sobre la intención oculta del autor. O, sencillamente, de su ignorancia.

Prescindo ahora de ciertos pasajes del *Quijote* en que se hace alusión evidente a este teatro cervantino. Recurriré a ellos más adelante. Vamos a detenernos en las breves páginas de la *Adjunta* al *Viaje del Parnaso.* Cervantes entabla conversación con el poeta Pancracio de Roncesvalles. De ella entresacamos el texto siguiente:

«Y V.m., señor Cerbantes, dixo el, ¿ha sido aficionado a la caratula? ¿Ha compuesto alguna comedia?

Si, dixe yo, muchas, y, a no ser mias, me parecieran dignas de alabança, como lo fueron *Los Tratos de Argel, La Numancia, La Gran Turquesca, La Batalla naual, La Ierusalem, La Amaranta o la del Mayo, El Bosque amoroso, La Vnica,* y *La Vizarra Arsinda,* y otras muchas de que no me acuerdo. Mas la que yo mas estimo, y de la que mas me precio, fue, y es, de vna llamada *La Confusa,* la qual, con paz sea dicho de quantas comedias de capa y espada hasta oy se han representado, bien puede tener lugar señalado por buena entre las mejores.

Pan. Y agora, ¿tiene V.m. algunas?

Mi. Seys tengo, con otros seys entremeses.

Pan. Pues, ¿por qué no se representan?

Mi. Porque ni los autores me buscan, ni yo los voy a buscar a ellos» [18].

El *Viaje del Parnaso,* publicado en 1614, estaba ya escrito en 1613. En esa época Cervantes da una lista de sus obras dramáticas del primer período. Del momento en que escribe dice que tiene seis comedias y seis entremeses y que no se representan. A la serie de obras señaladas por él mismo, hay que añadir otra de título conocido, *El trato de Constantinopla y muerte de Selim.* Y así se completa la lista conocida de las comedias cervantinas de la primera época. De todas ellas, sólo se conservan *Los tratos de Argel* y *La destruyción de Numancia.* El resto no es, para nosotros, más que simples títulos, ruinas de un conjunto desaparecido. Dejando de lado *La confusa* y *El trato de Constantinopla,* que fueron contratadas por el *autor* Gaspar de Porres y que éste debió de representar, desconocemos quién puso en escena el resto de las comedias, así como el lugar y la fecha de representación. Hemos de creer la afirmación cervantina de que sus obras fueron puestas en escena con general aplauso. Podemos aventurar fechas aproximadas de composición de algunas de ellas. Es lo que hace Astrana Marín cuando sitúa el momento de la creación de *Los tratos de Argel* en el verano u otoño de 1583. *La destruyción de Numancia* debe de ser también de ese mismo año.

Nada sabemos, repito, de quién representó esta última, ni de dónde ni de cuándo. La única noticia sobre la presentación pública de la obra nos la da el propio Cervantes en el capítulo XLVIII de la primera parte del *Quijote.* Allí nos dice el autor que no por guardar los preceptos del arte dejan las comedias de agradar a todo el mundo. Y añade: «Si que no fue

18 CERVANTES: *Viage del Parnaso,* Edic. Schevill-Bonilla, p. 124.

disparate la *Ingratitud vengada,* ni le tuuo la *Numancia,* ni se le halló en la del *Mercader amante,* ni menos en la *Enemiga fauorable,* ni en otras algunas que de algunos entendidos poetas han sido compuestas para fama y renombre suyo, y para ganancia de los que las han representado»[19]. Es decir, que *La destruyción de Numancia* salió a las tablas y dio dinero a quien la llevó ante el público espectador. Después, el silencio.

Cervantes empezará la publicación de sus diferentes obras, la *Galatea* (1585), las dos partes del *Quijote* (1605 y 1615, respectivamente), las *Novelas ejemplares* (1613), el *Viaje del Parnaso* (1614) y las *Ocho comedias* (1615), empresa que se terminará en 1617, con la impresión póstuma del *Persiles y Segismunda. La destruyción de Numancia* ha desaparecido. Hay que esperar al año 1784, en que Antonio de Sancha sacará a luz el *Viaje del Parnaso,* al final del que se publicará, por primera vez, *La Numancia* y *El Trato de Argel*[20].

Para terminar este apartado, es útil señalar que el momento probable en que Cervantes concibe, escribe y ve representar *La destruyción de Numancia* es el mismo en que España vive la aventura de la anexión de Portugal y la entrada solemne de Felipe II en Lisboa (27 de julio de 1581). Cervantes ha terminado su cautiverio argelino el 19 de setiembre de 1580. Y al volver a España encuentra, entre otras cosas, el gran vacío dejado por la trágica desaparición de don Juan de Austria, ocurrida el 1 de octubre de 1578. El gran ídolo cervantino abandona la escena española durante la ausencia de nuestro autor. Bien conocida es la tensión existente entre Felipe II y su hermanastro don Juan de Austria, así como la antipatía profunda que el Rey Prudente despertaba en el pecho cervantino.

Si continuamos un poco más hacia atrás en nuestra enumeración de hechos históricos importantes que preceden la creación de *La destruyción de Numancia,* damos irremediablemente con el 7 de octubre de 1571, fecha en que la armada cristiana, capitaneada por don Juan de Austria, vence a los

---

[19] Cervantes: *Don Qvixote de la Mancha,* Edic. Schevill-Bonilla, volumen II, p. 348.

[20] *Viage al Parnaso. Publicanse ahora de nuevo una tragedia y una comedia inéditas del mismo Cervantes; aquella intitulada La Numancia, esta El Trato de Argel.* Madrid, Antonio de Sancha, 1784.

turcos en Lepanto. Cervantes asiste al combate, es herido y hace de aquella batalla «la mayor ocasión» de la historia pasada, presente y venidera.

Poco tiempo antes, a finales del año 1570, el mismo don Juan de Austria ha eliminado ferozmente la resistencia morisca en las Alpujarras. La trágica represión ordenada por el rey Felipe II es el punto álgido de la serie de acontecimientos que van desde la rendición del reino nazarí de Granada, en 1492, hasta la expulsión final de los moriscos en tiempos de Felipe III. Durante los ciento veinticinco años que dura la presencia viva del grupo morisco en la España católica, hay una serie de tensiones, disputas y encontronazos que dejaron huella en la vida nacional y se reflejaron, cosa lógica aunque no siempre tenida en cuenta, en la producción literaria más sensible de la época.

La historia de la caída de Numancia

La larga lucha de los pueblos peninsulares contra el invasor romano se polariza, de forma espectacular, en torno a la ciudad de Numancia, capital de los arévacos, poderosa tribu celtíbera del norte del alto Duero. Ya en el año 153 a. de C., los numantinos sorprenden a las tropas del cónsul romano Quinto Fulvio Nobilior en el barranco de Valdano y les infligen una gran derrota. A partir de este momento, los cónsules romanos se suceden (Marcelo, Lúculo, Fabio Máximo Emiliano) en una lucha sin cuartel contra el lusitano Viriato y contra los celtíberos de Numancia. En los años 141 y 140 a. de C., el cónsul Pompeyo intenta, en vano, cercar a Numancia. El fin trágico de Viriato, en el año 139 a. de C., va a modificar el equilibrio de fuerzas y los romanos podrán dedicar una atención más sostenida al problema de Numancia.

Un nuevo cónsul, Cayo Hostilio Mancino, llega a la Hispana citerior y se ve obligado a capitular y a negociar con los habitantes de la capital arévaca. En el año 136 a. de C., el senado romano «no quiso ratificar el pacto de los Numantinos con Mancino, y el nuevo Cónsul de la Citerior, Lucio Furio Filo, fué el encargado de dar a conocer a Numancia la decisión romana, y de entregarle a Mancino para que en él quedase vengada la ruptura del pacto. Por primera vez, un Cónsul romano estuvo atado desnudo ante las murallas de Numancia, y la ciudad celtíbera pudo contemplar cómo Roma faltaba a sus compromisos y sufría una humillación tras otra. Así, el Cónsul del año siguiente, Quinto Calpurnio Pisón, fracasaba de nuevo ante Palencia y ni siquiera se atrevía a atacar Numancia» [21].

Ante la serie ininterrumpida de fracasos, Roma envía a Escipión Emiliano como gobernador de la Hispania citerior, después de haberle elegido cónsul por tercera vez. Con él aparecieron en la península nombres ilustres de la Roma antigua: Mario, Cayo Graco, el númida Yugurta, Lucidio el poeta y el historiador griego Polibio. Todos asistieron al asalto de los muros de Numancia, objetivo mayor del nombramiento de Escipión. El nuevo general, conociendo las dificultades de la operación, decidió cercar la ciudad y rendirla por hambre. Su primera tarea consistió en «transformar el desmoralizado ejército romano de Hispania por medio del entrenamiento de los soldados y el restablecimiento de la disciplina» [22]. Escipión utilizó el método griego de asedio, consistente en el empleo de vallados formando una línea continua. «Levantó primero con estacas el primer dogal que ahogaría a Numancia y construyó luego la circunvalación con muralla y foso, sus torres provistas de catapultas y los siete campamentos para el ejército sitiador: Castillejo, Peña Redonda, Valdevorrón, Travesadas, Alto Real, Dehesilla y Raza. 60.000 hombres guarnecían esta línea de bloqueo, y sólo atacando podían los sitiados romper el cerco de Escipión, y sus intentos de ruptura fracasaban» [23].

Estamos en los meses de julio o agosto del año 133 a. de C. Un largo período de asedio obligó a los numantinos a «pedir una capitulación honrosa, que no pudo concertarse porque los sitiados se negaron a la entrega de sus armas. Para poder resistir al hambre se llegó en la ciudad sitiada al horrendo recurso del canibalismo y, al fin, los Numantinos tuvieron que rendirse. Pero antes pidieron un plazo de un día, que fué el

---

[21] VALDEAVELLANO: *Historia de España,* vol. I, p. 168.
[22] Id., p. 169.
[23] Id.

último de Numancia, porque la mayor parte de los sitiados se dieron muerte durante él, y después la ciudad era quemada y arrasada por los Romanos. Como Cartago y Corinto, Numancia sólo fué en adelante un nombre y unas ruinas»[24].

Así describe García de Valdeavellano el fin trágico de Numancia. Un nombre y unas ruinas. La noticia quedó viva entre los historiadores. Y, saltando de uno a otro, llegó a Miguel de Cervantes en el momento en que nuestro escritor se reintegraba a la vida nacional después de su estancia en las prisiones argelinas. ¿En qué autores pudo inspirarse Cervantes para construir su grandiosa obra dramática? La crítica ha recurrido a una serie de indicaciones de fuentes posibles, sin poder señalar de manera precisa el lugar en que Cervantes se documentó. Me limito a recoger aquí los datos reunidos por Schevill y Bonilla, editores de las obras cervantinas.

Las fuentes más inmediatas —Polibio y el libro de Tito Livio sobre el asedio de Numancia— se han perdido. Queda, a pesar de todo, el epítome del libro LIX de la obra de Tito Livio, en que leemos el dato de que Escipión celebró su triunfo sobre Numancia catorce años después de haber vencido a Cartago. Lo que hace suponer, en efecto, que el general llevó a Roma los rehenes necesarios para justificar su victoria ante las autoridades y la opinión pública. El historiador Estrabón señala que al caer Numancia quedaba en la ciudad un número muy reducido de habitantes.

Ya en el siglo II de la era cristiana, el escritor Appiano de Alejandría deja una narración que contiene la base de la información sobre las guerras de Roma en la península ibérica y los elementos más significativos de la obra cervantina que nos ocupa. Por ser un texto no muy utilizado, doy a continuación una reproducción de la traducción de *Las guerras ibéricas,* de Appiano, hecha por Miguel Cortés y López en 1852. La cita aparece en el estudio de Schevill y Bonilla sobre la obra dramática cervantina[25]. Es el siguiente: «A poco tiempo llegaron

---

[24] Id.
[25] CERVANTES: *Comedias y entremeses,* Edic. Schevill-Bonilla, volumen VI, pp. 41-2. Aparte de los autores ya citados, hay otros historiadores que, en lengua latina, repiten, más o menos, los mismos detalles ya conocidos. Recuérdense entre otros los nombres de Diodoro Sículo, Cayo

a faltar todos los comestibles, sin frutos, ganados ni hierbas: primero se sustentaron con pieles cocidas, como han hecho algunos en las urgencias de la guerra. Acabadas las pieles, se mantuvieron con carne humana cocida, primero de los que morían, repartiéndola por las cocinas, y después de los enfermos; pero, no gustándoles ésta, los más robustos se comieron a los más débiles. En fin, no hubo mal que no experimentasen; de modo que el alimento llegó a convertir en fieras sus ánimos, y el hambre, la peste, el pelo que en tanto tiempo les había crecido, convirtió en bestias sus cuerpos. En este triste estado se rindieron a Scipión, quien les mandó que en aquel mismo día llevasen todas sus armas a cierto sitio, y que, al siguiente, se juntasen en otro lugar; pero ellos pidieron un día más, confesando que había aún muchos que, por amor a la libertad, querían quitarse la vida... Al principio, muchos se mataron con diversos géneros de muerte, según su gusto; los demás, al tercer día, salieron al sitio señalado, que fué un espectáculo terrible y atroz de todos modos... A los romanos, con todo, les causaba espanto su vista. Scipión, reservando cincuenta de ellos para el triunfo, vendió los demás y echó por tierra la ciudad.»

A partir de este siglo II, con la obra de Lucio Anneo Floro, se modifica la tradición. Floro asegura que no quedó con vida ni un solo numantino. La noticia se mantiene entre los historiadores siguientes, que concluyen afirmando el no reconocimiento por Roma del triunfo escipioniano sobre Numancia. Schevill y Bonilla dan la serie de historiadores que presentan de manera constante este punto de vista: Eutropio, Paulo Orosio, Lucas de Tuy y Alfonso X el Sabio (con la confusión de Numancia y Zamora en los dos últimos autores).

Cervantes pudo inspirarse en alguno de estos escritores o, lo que es generalmente sospechado por la crítica, en la obra de Ambrosio de Morales, continuación de la de Florián de Ocampo. Pero en la presentación del personaje Bariato, o Viriato, al final de *La destruyción de Numancia,* único numantino

---

Veleyo Patérculo, Valerio Máximo, Sexto Julio Frontino, Plutarco, Dión Cassio Cocceiano, Sexto Aurelio Víctor y Flavio Vegecio Renato. Alusiones rápidas a Numancia se pueden encontrar también en Salustio, Horacio, Ovidio, Cicerón, Séneca, Plinio, Quintiliano, Petronio, etc...

que sobrevive al entrar las tropas romanas en la ciudad sitiada y que se suicidará ante los ojos horrorizados de los conquistadores, Cervantes no pudo inspirarse en la anteriormente citada seria de historiadores. La materia dramática se encuentra en la *Corónica de España abreviada,* de Diego de Valera, en que pudo beber Juan de Timoneda para componer su romance *Enojada estaba Roma,* incluido en la *Rosa gentil,* de 1573. Hay que añadir que Timoneda dio al César lo que era del César, devolviendo la verdadera identidad de la ciudad heroica a Numancia, en vez de situar el hecho de armas ante los muros de Zamora, como había hecho Valera siguiendo a los historiadores del siglo XIII. Una variante notable del texto cervantino con respecto al romance de Timoneda, es haber suprimido el viaje de Cipión a Roma acompañado del muchacho numantino. Francisco Yndurain apunta [26], de forma muy verosímil, que Cervantes pudo entrar en contacto con la leyenda de Numancia a través de las lecturas de las *Epístolas familiares* del obispo de Mondoñedo, Antonio de Guevara, autor que nuestro dramaturgo frecuentó y con el que tenía muchas preocupaciones comunes, sobre todo la de buscar su propio y estable lugar en la sociedad española de la época.

Vida literaria de la destrucción de Numancia

Además de los textos ya citados de Valera y Timoneda, es preciso señalar una larga serie de versiones literarias del tema numantino, versiones que no debieron de ser influidas por la obra dramática cervantina, ya que ésta se perdió y no volvió a salir a la superficie hasta el año 1784, en que fue editada por Antonio de Sancha.

El *Romancero general* incluye dos poemas sobre Numancia. Uno que empieza *Ya de Scipión las banderas,* y otro cuyo primer verso es *Con nuevo exército pone* [27]. Francisco Mosquera Barnuevo publica en 1612 un poema titulado *La Numantina.* También en el siglo XVII, Francisco de Rojas Zorrilla escribe la comedia *Numancia destruida.*

---

[26] CERVANTES: *La Numancia,* Edic. Yndurain, p. 26.
[27] *Romancero general,* Edic. González Palencia, vol. II, pp. 131 y 174.

Dos autores del siglo XVIII dedicaron sendas obras al tema numantino: López de Sedano escribe *Cerco y ruina de Numancia* e Ignacio López de Castro su *Numancia destruida* [28]. Si añadimos la versión hecha por Antonio Sabiñón en el siglo XIX, titulada *Numancia, tragedia española*, hemos completado la serie de obras más o menos originales sobre el tema, según las noticias que he podido recoger [29].

La obra cervantina misma ha tenido una fortuna variable. Pero en los últimos cuarenta años ha sido representada varias veces con éxito, en adaptaciones hechas por diferentes autores y con intenciones a menudo opuestas. El drama de Cervantes ha sido utilizado a veces como instrumento de agitación de masas. Los resultados han sido concluyentes, aun cuando se hayan falsificado casi siempre las bases mismas sobre las que la obra fue construida por su primer creador, Miguel de Cervantes [30].

Rafael Alberti presentó una versión *actualizada* de la pieza cervantina en el madrileño teatro de la Zarzuela el año 1937, mientras las tropas del general Franco habían cercado la capital del país. Alberti utilizó el tema numantino para animar a todos los que defendían la España republicana [31]. Cuando la

---

[28] RUSSELL P. SEBOLD ha publicado en 1971 (Salamanca, Anaya) la única edición moderna de la tragedia de López de Ayala.

[29] PÉREZ RIOJA, en su «Numancia en la poesía», menciona una obra dramática, consagrada al tema de Numancia, de José María Valverde. Según el citado crítico, la tragedia se publicó, pero no se ha representado nunca. No he podido comprobar el dato.

[30] También la obra de Ignacio López de Ayala anteriormente citada fue representada en Madrid (1815) por el actor liberal Isidoro Máiquez con carácter netamente político y como protesta contra el absolutista Fernando VII. Mesonero Romanos cuenta en sus *Memorias* las reacciones vigorosas y fervientes del público, al oír ciertos pasajes sobre la libertad, y la intervención de la fuerza pública, imponiendo al actor la supresión de los versos en cuestión o su recitado de forma más moderada.

[31] Se dice que, durante el asedio de Zaragoza por las tropas napoleónicas en la guerra de la Independencia, tuvo lugar una representación de *La destruyción de Numancia* cervantina, con fines semejantes a los buscados por Rafael Alberti en 1937. Fitzmaurice-Kelly y Cotarelo dan la noticia, pero no hay confirmación clara de tal puesta en escena. Francisco Yndurain y Ricardo Doménech, en sus respectivas ediciones de *La Numancia*, niegan la afirmación de los dos críticos

guerra fratricida de 1936 terminó, Alberti hizo una nueva versión de *La destruyción de Numancia,* más racional, menos visceral, versión que fue representada por Margarita Xirgu en el Estudio Auditorio de Montevideo el año 1943.

Las apariciones públicas de la obra cervantina en los últimos años son las siguientes:

— 1937. Jean-Louis Barrault ofrece su propia versión francesa en el teatro Antoine de París.

— 1949. Adaptación de Francisco Sánchez Castañer presentada en el teatro de Sagunto, con música de Joaquín Rodrigo y asesoramiento técnico del arqueólogo Schulten.

— 1952, 1953 y 1955. Jean Lagénie y Raymond Paquet dirigen una versión del primero, en representaciones que tienen lugar en Sarlat (1952), Burdeos (1953) y de nuevo en Sarlat (1955), con ocasión del Festival de arte dramático[32].

— 1956. La compañía «Lope de Vega», de Madrid, dirigida por José Tamayo, presenta al aire libre en Alcalá de Henares una refundición hecha por Nicolás González Ruiz.

— 1958. Se estrena en Rouen una adaptación francesa de Robert Marrast y André Reybaz, publicada en París el año anterior.

— 1965. Jean-Louis Barrault dirige una versión de *La Numancia,* hecha por Jean Cau, en el Festival de Avignon y en el parisino teatro Odeón.

---

citados. En *La tragedia en el Renacimiento español* (p. 384), decía yo que «no es inverosímil la noticia no confirmada de que se representase en Zaragoza durante el cerco napoleónico de la guerra de la Independencia». Mientras no encontremos datos más precisos, no hay razón ninguna para aceptar las suposiciones de Fitzmaurice-Kelly y Cotarelo.

[32] RICARDO DE APRAIZ, en su *Numancia y su museo* (p. 8), menciona «el estreno hecho recientemente en la Opera de París (abril de 1955) con música de Henry Barraud y un texto que en sus líneas generales sigue la obra cervantina, traducida al francés y adaptada por Salvador de Madariaga». No me ha sido posible comprobar la indicación de Apraiz.

— 1966. Miguel Narros estrena el 3 de octubre una nueva adaptación de *La destruyción de Numancia* en el teatro Español de Madrid. Ricardo Doménech ha resumido certeramente las características de la presentación de Narros: «1) adaptar esta tragedia a una problemática actual: la libertad amenazada en nuestro mundo contemporáneo; 2) respetar, con verdadera escrupulosidad, el texto dramático, sin apenas cortes y, desde luego, sin añadidos de ningún tipo; 3) hacer depender esa actualización del vestuario, así como de una serie de voluntarios anacronismos, que tendían a aproximar el conflicto dramático a la sensibilidad del espectador de hoy» [33]. La última representación de *La destruyción de Numancia* ha puesto de relieve lo que de verdad constituye la materia dramática trabajada por Cervantes: la libertad amenazada en el mundo contemporáneo, el nuestro y el del autor del drama. «La vitalidad de *La Numancia* —dice Ruiz Ramón [34]— se debe, primordialmente, a la emoción humana que la llena. Sus personajes están concebidos a escala humana. No importa en qué tiempo ni bajo qué circunstancia e ideologías cada pueblo, cada hombre, pueda identificarse con ellos.» La atinada observación de Francisco Ruiz Ramón no debe hacernos olvidar la obligación de buscar cómo se identificó Cervantes con los numantinos, el Miguel de Cervantes de su tiempo, de su circunstancia y de su ideología. Esa ha sido, justamente, la guía que hemos utilizado al emprender la preparación del presente trabajo.

---

[33] CERVANTES: *La destrucción de Numancia*, Edic. Doménech, p. 22.
[34] RUIZ RAMÓN: *Historia del teatro español*, I, 1971, p. 128.

«La destruyción de Numancia» ante la crítica

La originalidad del teatro cervantino, y la obra que nos ocupa no es excepción, estriba en que el gran escritor se inspiró en la verdad de la vida, de la vida de su época, para llevar a la escena personajes humanos que sintiesen y hablasen como los de carne y hueso. Cervantes acometió la empresa de sacar al teatro español del estado en que aún estaba, a pesar de los esfuerzos de Bermúdez, Argensola, Cueva, Virués, etc... Treinta años más tarde, nuestro autor sentía que en el triunfo del teatro de Lope de Vega había tomado él una parte importante y reclamó lo que le correspondía del éxito, sin darse cuenta exacta de que su propio teatro, que había colaborado en la construcción del de Lope desde un punto de vista técnico, era la antítesis ideológica de este último. Lope incorporó a su creación dramática la manera de pensar del español medio. Cervantes quiso modificar con su teatro la manera de pensar de ese español medio desde su propia situación de marginado. De ahí su fracaso. De ahí también el triunfo de Lope de Vega.

La actitud cervantina no fue ajustar el teatro a las reglas de Aristóteles ni imitar a los clásicos. Tampoco rechazó el autor de *La destruyción de Numancia* el drama «romántico». En el capítulo XLVIII de la primera parte del *Quijote*, ya citado en otra parte del presente trabajo, puede encontrarse el punto de partida para pensar que Cervantes quiso renovar el teatro. Es errónea la interpretación de Schack[35], quien no ve en nuestro gran dramaturgo más que un denunciador de lunares y defectos del teatro de su época. Cervantes adoptó unos criterios dramáticos y luchó contra la escena existente y contra la sociedad que la había creado, tratando de hacer una más moderna, más auténtica, más enérgica y más justa.

Leandro Fernández de Moratín no dio importancia al teatro de Cervantes, porque lo equiparó con el de la escuela de Virués y Cueva, sin pensar en las características sobresalien-

---

[35] Conde de Schack: *Historia de la literatura y del arte dramático en España.* Madrid, 1885-87.

tes del creador de *Pedro de Urdemalas* y no cediendo un ápice en la injusta apreciación de este grupo dramático. Después de hacer un desalentador balance de la escena anterior, comenta Moratín de la siguiente manera: «Así halló el teatro Miguel de Cervantes, el cual, bien lejos de contribuir á mejorarle, como pudiera haberlo hecho, sólo atendió á buscar en él los socorros que necesitaba su habitual pobreza, escribiendo como los demás, y olvidando lo que sabía para acomodarse al gusto del público y merecer su aplauso» [36]. Cervantes intentó decididamente sacar el teatro del estado de postración en que se hallaba, uniéndose a la marcha emprendida por el grupo de autores trágicos, pero dando a sus personajes y acciones la impronta característica de un dramaturgo de auténtica garra. Sobre todo en *La destruyción de Numancia.*

Ninguno de los neoclásicos supo ver el auténtico sentido del teatro de Cervantes. Ya hemos citado el juicio de Moratín. Alberto Lista niega toda posibilidad de valoración positiva, y dice: «¡Cuánto más agradable sería para mí el análisis de esta obra inmortal [se refiere al *Quijote*], que el triste espectáculo de un Cervantes confundido entre los Cuevas, Alonsos de la Vega y Virués, y acaso inferior a ellos!... Cumpliré, pues, mi deber, aunque con repugnancia y brevedad» [37].

A Nasarre, el teatro de Cervantes le parecía desacertado y ridículo. Y el padre Juan de la Concepción asintió en todo con sus opiniones. Así surgió la polémica de la que Cervantes salió profundamente malparado. Esta polémica, estudiada por Armando Cotarelo y Valledor [38], incluye los nombres de Joseph Carrillo, Cayetano Alberto de la Barrera, Juan Maruján y Tomás de Erauso y Zabaleta (para quien las comedias cervantinas no podían leerse sin molestia del oído y del entendimiento).

Cuando en 1784 edita Sancha *La Numancia* y *El Trato de Argel*, Vicente García de la Huerta escribe *La escena española defendida* y, por elevar a Lope de Vega y a Calderón de la Barca, maltrata y menosprecia el teatro cervantino. El inefable

---

[36] LEANDRO FERNÁNDEZ DE MORATÍN: *Orígenes del teatro*, p. 163.
[37] ALBERTO LISTA: *Lecciones de Literatura Española*, p. 116.
[38] ARMANDO COTARELO Y VALLEDOR: *El teatro de Cervantes. Estudio crítico.* Madrid, 1915.

abate Lampillas siguió una trayectoria semejante. Moratín rechazó, en *La destruyción de Numancia,* todos los detalles que iban en contra de su mentalidad clasicista, tales como los conjuros, el empleo de lo fantástico, las matanzas, la elección misma del argumento, la dispersión de la acción en intrigas secundarias, etc...

Bossange imprime en 1826 una edición de las *Obras escogidas de Miguel de Cervantes,* dirigida por García de Arrieta. *La destruyción de Numancia* fue una de las obras escogidas, pero aparece muy mutilada, pues le fueron suprimidas ciertas partes consideradas inútiles por el editor. Cotarelo señala que no fueron menos de cuatrocientos setenta y siete los versos eliminados, con lo que se destrozó una parte no despreciable de la belleza de la obra.

Ticknor dio un breve y atinado juicio sobre *La destruyción de Numancia.* Pero fue Menéndez Pelayo quien vino a cambiar la orientación de la crítica. Decía así[39]: «El único poeta español que se acercó instintivamente a la ruda manera de Esquilo fue (aunque parezca extraño) Miguel de Cervantes en su *Numancia,* con aquel proceder por grandes masas, aquella imperiosa fatalidad que mueve la lengua de los muertos e inspira agüeros, vaticinios y presagios; los elementos épicos (narraciones, descripciones, etc...), que se desbordan del estrecho cuadro de la escena, lo mismo que en *Los Siete sobre Tebas;* el asunto que no es una calamidad individual, sino el suicidio de todo un pueblo y, finalmente, el espíritu nacional que lo penetra y lo informa todo.» Menéndez Pelayo pedía un lugar distinguido para la obra cervantina en la historia de nuestra literatura dramática.

León Máinez no midió sus alabanzas al inmortal drama de Cervantes. La sucesión de generaciones implica un cambio, a veces absoluto, de gustos artísticos. Frente a la repulsa de Nasarre, las elogiosas frases de Máinez[40]: «La tragedia *Numancia* [...] supera en grandiosidad escénica y alto interés dramático a cuantas producciones de ese género había producido

[39] MENÉNDEZ PELAYO: «Cuatro palabras acerca del teatro griego...», páginas XXII-XXIII.
[40] RAMÓN LEÓN MÁINEZ: *Cervantes y su época,* vol. I, p. 564.

antes la literatura patria. Es una hermosa obra, llena de inspiración, en la que corresponde la esplendidez de la forma a la magnitud del argumento [...] Con todos sus defectos, es una manifestación poderosa del heroísmo nacional, cantado por un gran poeta de entonaciones patrióticas.»

Cotarelo y Valledor, en su trabajo citado anteriormente, cita juicios interesantísimos de Chasles, Klein, Goethe, Shelley, Bouterweck, Schlegel, Schopenhauer y Dohm, entre los escritores no españoles. Y de los nacionales, además de los ya nombrados, menciona a Arrieta, José Mor de Fuentes y Gil y Zárate, entre los autores del siglo pasado. También hay que tener en cuenta los cálidos párrafos que a la obra cervantina le dedican Richter, Sismonde de Sismondi y los hermanos Schlegel.

Las opiniones sobre *La destruyción de Numancia* se multiplican tan pronto como el crítico se lanza a la no siempre agradable tarea de revolver en el pasado. Citaré, solamente, los juicios de unos cuantos autores modernos. Unos y otros irán perfilando la imagen de la obra como preparación a una revisión posible emprendida unas páginas más adelante en este estudio.

El primer traductor al francés de *La destruyción de Numancia,* Esménard, es bastante parco en sus alabanzas, por no estar aún convencido de los verdaderos valores dramáticos cervantinos. Decía así, en su obra fechada en 1823: «Aussi cette pièce ne pouvait-elle consister qu'en épisodes, ce ne pouvait être qu'une tragédie à tiroir; mais dans plusieurs de ces scènes détachées Cervantes a eu d'heureuses inspirations. L'amitié des deux jeunes gens, le désespoir de la mère, qui voit mourir son fils d'inanition; le discours du dernier des Numantins de se précipiter, sont des morceaux recommendables» [41].

James Y. Gibson, que editó la *Numancia* en inglés el año 1885, viendo más fuerza épica que dramática en el genio de Cervantes, dice que la obra «is simply a glorious page in Spanish history converted into sounding verse» [42].

---

[41] «Numance», en *Chefs d'oeuvre des Théâtres étrangers,* París, 1823, vol. 24, p. 75.
[42] *Numantia. A tragedy by Miguel de Cervantes Saavedra.* Londres, 1885, p. XI.

Alphonse Royer [43], que veía en nuestro drama «une belle et grandiose composition», decía que era un cuadro pintado con sangre y con lágrimas. Y no creo yo que se tratara de sangre y lágrimas sacadas de la arqueología, sino de los enfrentamientos ocurridos entre españoles del siglo XVI. Eduardo Juliá Martínez, refiriéndose, en general, a todos los dramas de Cervantes, dice que nuestro autor «fue más constructor de escenas que de obras» [44]. Joaquín Casalduero, en un estudio sobre *La Numancia* publicado en 1948 [45], intenta dar una visión de la obra con estas palabras: «Describiendo la tragedia con exactitud hemos encontrado su sentido y también su forma. Después de la exposición de la primera jornada, viene la acción: sacrificios, agüeros, desafío y salida en tropel. La imposibilidad de llevar a cabo el desafío y la salida, da lugar a la acción de Marandro y a las dos órdenes de Teógenes: incendio y muerte. Esta estructura lógica sirve de cauce al desarrollo de los acontecimientos y se reviste de un sentimiento lírico que se expresa por medio de tres temas melódicos: hambre, *triste* y muertevida, en correspondencia con las tres cristalizaciones de la acción: Marandro, Teógenes, Bariato, las cuales hay que verlas en relación con las personificaciones: España, la Guerra, la Fama.» La incansable y muchas veces gratuita búsqueda de estructuras realizada por Joaquín Casalduero no ha servido de gran cosa a la hora de comprender el porqué íntimo de la dramatización cervantina. Pero esto nos llevaría muy lejos y no es ahora momento adecuado para discutir de *creencias* en la inmanencia o no inmanencia del texto literario.

Angel Valbuena Prat, en su *Historia del teatro español* [46], viene a dar el espaldarazo definitivo al Cervantes autor de teatro, cuando dice que «su sentido de la esencia de la tragedia, su vitalidad, e incluso su teatralismo, hace de *El cerco de Numancia* la mejor obra de la escena de este período». El mismo

---

[43] *Théâtre de Cervantes, traduit... par Alphonse Royer.* París, 1870, página 3.
[44] JULIÁ MARTÍNEZ: «Estudio y técnica de las comedias de Cervantes», en *Revista de Filología Española,* XXXII, 1948, p. 365.
[45] JOAQUÍN CASALDUERO: «La "Numancia"», en *Nueva Revista de Filología Hispánica,* II, 1948, pp. 86-7.
[46] VALBUENA PRAT: *Historia del teatro español,* p. 51.

crítico, en un trabajo más reciente [47], recurre al schopenhaueria-
no mito del eterno retorno para explicar la grandeza del drama
cervantino. Y señala que «el panteísmo cósmico del gran filó-
sofo alemán [se refiere a Schopenhauer] veía que, entre las
llamas abrasadoras de un valor heroico, quedaba naciente y
viva el alma misteriosa de la Naturaleza inmortal. Y de sus
cenizas —de las numantinas—, una especie de "eterno retorno", anunciaba nacimientos y esplendores lejanos. Una especie
de wagneriano *Ocaso de los dioses,* en el que la Vida y el
Hombre, proféticamente, alumbraban siglos y valores venide-
ros, en un incendio suicidamente fecundo».

Los últimos críticos que se han ocupado del drama cervan
tino coinciden, desde distintas perspectivas, en señalar su dimensión profundamente humana y su alto significado. Robert
Marrast, al estudiar a Miguel de Cervantes [48], señala que la «*Numance* n'est pas seulement une leçon de courage destinée aux
assiégés de tous les temps et de tous les pays. Pour nous, elle
est seulement cela. Pour les sujets de Philippe II, qui en
verité se trouvaient alors plus souvent dans la situation des
soldats de Scipion que dans celle des Numantins, elle est aussi
une leçon de gloire; mais de gloire posthume, que seule la
justice de Dieu peut accorder». El comentario de Marrast sería
perfecto si añadiera que no todos los súbditos de Felipe II
estaban en la situación de los soldados cipionianos; que Cervantes quiso tal vez reflejar el estado en que se encontraban
unos asediados cuya identificación no resulta fácil de establecer.
En todo caso, no deja de ser curioso constatar que *La destruyción de Numancia* pueda ser comprendida como obra destinada
a agitar y levantar los ánimos de los asediados de todos los
tiempos y de todos los países, excepto de los «asediados» (¿cuáles?) de la España del siglo XVI. Pero sobre esto volveremos un
poco más adelante.

Francisco Yndurain, en su edición de *La Numancia,* ha señalado que «nadie antes que Cervantes ha encontrado acentos
tan vigorosos y conmovedores para el *epos* numantino, ni nadie

[47] VALBUENA PRAT: *El teatro español en su siglo de oro,* p. 16.
[48] MARRAST: *Miguel de Cervantes,* p. 31.

le ha conferido al suceso la corporeidad dramática que ya viene adscrita a Numancia para siempre» [49].

El año 1967 es un momento importante en la historia de la crítica sobre *La Numancia* [50]. Ricardo Doménech publica una edición del drama cervantino con un prólogo bien documentado y portador de un verdadero deseo de renovar la lectura de la obra. Doménech sale de los senderos conocidos para señalar algo no por evidente menos ignorado. «Cervantes —dice [51]—, al dramatizar el asedio de Numancia, de ningún modo se sentía impulsado por afanes de erudición, sino por el afán número uno de todo dramaturgo, que es plantear en los escenarios la propia historia contemporánea. El autor encontró en Numancia un pretexto —esto sí, un excelente pretexto— para hablar a los españoles de su tiempo de la grandeza española que estaban viviendo y protagonizando.» Y unas páginas más adelante, insiste: «que los españoles de otras épocas, en momentos de lucha por la libertad, hayan encontrado y proyectado en la obra algo muy importante de sí mismos, no debe oscurecer el hecho básico de que Cervantes la escribió para sus contemporáneos, y que sus contemporáneos —los españoles de la segunda mitad del XVI— no eran los sitiados, sino los sitiadores» [52]. El breve comentario incluido al citar a Robert Marrast podría añadirse aquí. Pero la mirada de Doménech está dirigida hacia la verdadera intencionalidad de la obra.

En ese mismo año 1967, Francisco Ruiz Ramón, adoptando criterios amplios al juzgar el drama cervantino, da una magnífica visión del contenido de la obra, cuya vitalidad «se debe, primordialmente, a la emoción humana que la llena. Sus personajes están concebidos a escala humana» [53]. Según el citado autor, las críticas que se le han hecho a *La destruyción de Numancia* (que los personajes alegóricos destruyen la verosimili-

---

[49] CERVANTES: *La Numancia*, Edic. Yndurain, p. 29.

[50] Prescindo ahora de señalar de manera más explícita mis *Los trágicos españoles del siglo XVI* (1961) y *La tragedia en el Renacimiento español* (1973), en que se trata del tema que nos ocupa, y parte de cuyas ideas alimentan esta sección del presente trabajo.

[51] CERVANTES: *La destrucción de Numancia*, Edic. Doménech, p. 14.

[52] Id., p. 23.

[53] RUIZ RAMÓN: *Historia del teatro español*, I, 1971, p. 128.

tud, que el tema es más propio de la epopeya que del teatro,
o que hay falta de acción principal y exceso de episodios) estri-
ban en una limitada concepción del teatro. Y añade Ruiz Ramón que, con arreglo a tales prejuicios, las obras de Esquilo,
Brecht y Camus no serían teatro. Cervantes, lo mismo en la
novela que en la dramaturgia, tuvo la prodigiosa habilidad de
evitar ciertos escollos con que tropezaron sus contemporáneos
(el exceso de horror y de declamación tan abundante en la tragedia de fin de siglo, por ejemplo), y de poner las bases de algunos procedimientos literarios que no triunfarían sino muchos
años o varios siglos más tarde. Ruiz Ramón llama la atención
sobre esta novedad cervantina, ignorada por los estudiosos,
cuando dice: «Lo que la crítica ha llamado episodios, no son
tales, sino, justamente, la verdadera acción central de la tragedia de los numantinos. Una acción vista *dramáticamente* por
Cervantes desde diversas perspectivas, a fin de que el espectador *pueda ver* —y eso es puro teatro— qué les pasa a los
numantinos encerrados entre los muros de su ciudad, y cuál
es la calidad humana de su heroísmo colectivo, pero concreto» [54].

El contenido argumental de «La destruyción de Numancia»

Las últimas frases de Francisco Ruiz Ramón me servirán
de puerta de entrada a un análisis de esas situaciones concretas y de esos personajes tan humanos que pueblan la obra.
A través de ellos, intentaremos descubrir la razón última de *La
destruyción de Numancia*. Pero antes será útil dar aquí un
resumen del argumento del drama y la lista de personajes.
Uno y otra nos serán sumamente necesarios a la hora de aden-
trarnos por actos y escenas.

Los personajes, tal como aparecen en la edición de Schevill
y Bonilla, son los siguientes: «Çipion (romano), Iugurta (romano), [Gayo] Mario (romano), Quinto Fauio (romano), Gayo
(soldado romano), Quatro soldados romanos, Dos numantinos
(enbajadores), España, Duero, [Tres muchachos que represen-

---

[54] Id., pp. 139-40.

tan riachuelos], Teojenes (numantino), Carauino (numantino),
Quatro gouernadores numantinos, Marquino (hechiçero numan-
tino), Marandro (numantino), Leoniçio (numantino), Dos sa-
çerdotes numantinos, Un paje numantino, [Seis pajes mas nu-
mantinos], Un hombre numantino, Milbio (numantino), [Un
demonio], Un muerto, Quatro mugeres de Numançia, Lira
(donçella), Dos çiudadanos numantinos, Una muger de Numançia, Un hijo suyo, [Otro hijo de aquella], Un muchacho (hermano de Lira), Una muger de Numançia, Un soldado numantino, Guerra, Enfermedad, Hambre, La muger de Teojenes, Un
hijo suyo, [Otro hijo y una hija de Teojenes], Seruio (muchacho), Bariato (muchacho, que es el que se arroja de la torre),
Un numantino, Ermilio (soldado romano), Limpio (soldado romano), La Fama» [55].

La acción de la obra puede resumirse de la siguiente manera:

Cipión, general romano, llega al sitio de Numancia con
el fin de reorganizar el ejército, enviciado y sin moral. Arenga
a sus hombres para terminar la conquista de la ciudad hispana. Entran dos embajadores numantinos a negociar la paz, pero
la condición que exige Roma es la rendición total. La altivez
de los sitiados les obliga a no aceptar. Cipión ordena construir
un foso y hacer los preparativos para someter la ciudad por el
hambre. Sale España prediciendo la caída de Numancia y la
resurrección y triunfo de la patria futura. Invoca al Duero
para que proteja a los numantinos y el río aparece en escena
con tres arroyuelos, profetizando el éxito venidero.

Dentro de la ciudad sus habitantes se preparan para la lucha. Quieren llevar a cabo tres acciones: un desafío a los romanos para celebrar un combate singular entre un numantino
y un miembro del ejército sitiador, la averiguación de los des-
tinos marcados por las estrellas y un sacrificio a Júpiter. Marandro, el enamorado de Lira, sale a escena con su amigo Leonicio, discurriendo sobre la conveniencia del amor en medio
de las atrocidades de la guerra. Los sacerdotes intentan adivinar el futuro sacrificando una víctima a los dioses, pero to-

---

[55] CERVANTES: *Comedias y entremeses*, Edic. Schevill-Bonilla, vol. V,
páginas 103-4.

dos los presagios prometen grandes catástrofes. Marquino hace conjuros sobre un cuerpo muerto, que resucita y predice la ruina total. El adivino no quiere ver la desgracia que se avecina y se arroja también a la tumba.

Desde la muralla, los numantinos proponen a Cipión un combate singular, pero el romano exige rendición sin condiciones. Los sitiados quieren hacer una salida para morir matando, mas se lo impiden las mujeres, que no aceptan el quedar abandonadas al enemigo. Deciden quemarlo todo y arrojarse a las llamas, para que los romanos no encuentren más que cenizas. El hambre atormenta a los sitiados y Marandro, para dar a Lira algo de comer, sale con Leonicio fuera de la muralla con intención de robar pan en el campamento de Roma. El pueblo de Numancia cruza la escena llevando todos los enseres domésticos al fuego. Los romanos han sorprendido a Marandro y Leonicio, matan a este último y hieren al primero, que llega a Numancia con el pan para morir apoyado en el regazo de Lira. La mujer solicita la muerte de manos de un soldado. Teógenes, jefe de la ciudad, sale con su mujer e hijos y van todos al sacrificio. El caudillo vuelve con la espada ensangrentada, una vez consumada la acción. Todo queda en silencio. Los romanos, extrañados, escalan las murallas y sólo contemplan muertos y cenizas de lo que fue Numancia. Unicamente está vivo un muchacho, Bariato, que después de increpar a los agresores romanos, se arroja desde la torre y se mata. La Fama cierra la obra haciendo un canto al heroísmo de la ciudad celtíbera.

La ambigüedad cervantina

«Y para entretener por algun ora
la hambre que ya rroe nuestros guesos,
areis descuartiçar luego a la ora
esos tristes rromanos que estan presos,
y sin del chico al grande haçer mejora,
rreparta[n]se entre todos, que con esos
sera nuestra comida çelebrada
por España, cruel, neçesitada» [56].

---

[56] Id., p. 162.

Así habla Teógenes, el jefe de la resistencia numantina contra la agresión romana. En el acto tercero de *La destruyción de Numancia,* cuando está llegando a su punto álgido la tensión heroica de los cercados, se encuentra el espectador ante estos versos difícilmente catalogables. Teniendo en cuenta que estamos asistiendo a la glorificación del acto heroico realizado por Numancia, el texto resulta entre paradógico y burlón, entre irónico y contradictorio. Es sorprendente ver cómo se singulariza a Numancia dentro de España, constatar que el autor ha señalado clara y abiertamente el carácter antropófago de los numantinos, y, por fin, observar que Cervantes ha presentado a España aprobando la celebración de la antropofagia. La Numancia caníbal no puede separarse de la España que aprueba cruelmente esa inhumana ingestión de unos hombres por otros.

No es éste el único texto de *La destruyción de Numancia* cervantina que nos abre las puertas de la ambigüedad tantas veces patente en las obras de su autor. Y podemos preguntarnos, con todo derecho, qué quiso hacer Cervantes al escribir su drama. ¿Conmover, ironizar, burlarse, llorar, lanzar desde las tablas un canto épico? Durante la elaboración de este estudio sobre la obra cervantina, se me ha presentado la duda. Cervantes es maestro en el arte de abrir interrogantes. Aquí queda manifiesto su espíritu inquieto, reservado, burlón. El objetivo de este trabajo será tratar de aislar, dentro de la tragedia cervantina, los personajes y los momentos a través de los que se manifiesta más claramente la voluntaria y significativa ambigüedad del autor.

Me serviré de una referencia ya conocida. En mi estudio *La tragedia en el Renacimiento español* se pueden leer las siguientes líneas: «Los neoclásicos españoles nunca vieron con buenos ojos el teatro cervantino. A Nasarre le parecía desacertado y ridículo y, precisamente por este motivo, lo reimprimió. La intención de Nasarre era demostrar cómo Cervantes hizo teatro deliberadamente malo para acabar, parodiándolo, con el estilo y el gusto de Lope de Vega. Difícilmente podía el crítico dieciochista contemplar el problema desde nuestra perspectiva. Pero es evidente que, a pesar de todo, apuntó con una cierta perspicacia el carácter irónico del teatro cervantino. Su error fue creer que el autor de la *Numancia* pretendió poner en solfa el drama lopesco, cuando en realidad lo que hizo fue abarcar e ironizar el espíritu y los ideales de la gran masa, espíritu e ideales que informaban la esencia misma del teatro de Lope de Vega» [57].

Cervantes sitúa, pues, su teatro en una postura dialéctica frente al común sentir de los españoles. Y creo que *La destruyción de Numancia* es parte integrante de esa alma cervantina, atormentada y marginada. Cervantes no adoptó la actitud violentamente agresiva de Mateo Alemán. Prefirió la insinuación, la ironía, la alusión. Sigamos la pista que el mismo autor nos ha ido trazando en sus obras.

Cervantes manifiesta en todos sus escritos una prevención evidente a decirlo todo. Se reserva una parte de la verdad. Y nos invita a buscarla entre líneas. En el capítulo XLIV de la segunda parte del *Quijote,* «pide no se desprecie su trabajo, y se le den alabanças no por lo que escriue, sino por lo que ha dexado de escriuir» [58]. De ahí el carácter ambiguo de su actitud tantas y tantas veces señalado. Cervantes no parece lo que es ni es lo que parece. Muchas de sus afirmaciones ponen al lector en guardia. «En vn lugar de la Mancha, de cuyo nombre no quiero acordarme...» [59]. ¿Por qué no quería recordar el nombre? Don Quijote se llamaba Quixada. O Quesada. O Quijano. O Quexana. «Pero esto importa poco a nuestro cuento —añade Cervantes [60]—; basta que en la narracion del no se salga vn punto de la verdad.» Frente a esta falta de precisión, la indicación no dudosa del lugar en que habita el sueño de don Quijote, Dulcinea del Toboso, pueblo de moriscos. En el prólogo de su novela, Cervantes nos dice: «Yo, que, aunque parezco padre, soy padrastro de Don Quixote» [61]. Es decir, yo no soy lo que podéis creer que soy. En el mismo prólogo, el amigo que aconseja a Cervantes le dice que la obra se debe

[57] HERMENEGILDO: *La tragedia en el Renacimiento español,* pp. 371-2.
[58] CERVANTES: *Don Quixote de la Mancha,* Edic. Schevill-Bonilla, volumen IV, p. 65.
[59] Id., vol. I, p. 49.
[60] Id., p. 50.
[61] Id., pp. 29-30.

escribir «pintando en todo lo que alcançaredes y *fuere posible,* vuestra intencion, dando a entender vuestros conceptos, sin intrincarlos y escurecerlos» [62]. El escritor Cervantes tiene que presentar sólo aquello que se puede decir de entre lo que atormenta sus intenciones. Con la idea de buscar lo que Cervantes no pudo comunicar, emprendemos el examen de *La destruyción de Numancia* y sus personajes. Una nueva lectura de la obra se impone. Y la haremos siguiendo los hitos marcados por su autor en lo que aparentemente no son más que ambigüedades, inexactitudes e, incluso, contradicciones. Sé que en este tipo de acercamiento al texto cervantino el crítico arriesga mucho. Y, sin embargo, difícilmente podría conformarme con lo ya dicho si continúa pareciéndome insuficiente.

La destruyción de Numancia se escribe probablemente hacia el año 1580 y forma parte de ese conjunto de obras dramáticas, anteriores al triunfo total de Lope de Vega, que he reunido en otro lugar bajo el genérico nombre de *tragedia española del Renacimiento.* Cervantes siente su obra como formando parte del conjunto de tragedias que merecen ser estudiadas en la perspectiva de un teatro marcadamente político. Aunque no haga alusión a los restantes tragediógrafos, Cervantes se refiere a uno en concreto, a Lupercio Leonardo de Argensola, en un pasaje del *Quijote.* Y en un breve comentario sobre él, aprovecha la ocasión para hablar de su propia *Numancia* y para ofrecer unas observaciones llenas de intención sobre ciertas obras dramáticas. Don Quijote va enjaulado [63]. Le acompañan, entre otros, el Canónigo y el Cura. Y este último, *con la cara cubierta,* hace una auténtica disección del teatro. Habla de la excelencia de las tres tragedias *Filis, Alejandra* e *Isabela,* de Argensola, sin citar a su autor. Dice que tuvieron un gran éxito y que respetaron los principios del arte. Y añade, *con la cara tapada,* repito, que «no está la falta en el vulgo que pide disparates, sino en aquellos que no saben representar otra cosa» [64]. Y Cervantes, por medio del cura que habla con la cara tapada, es decir, ocultándose, señala que la *Numancia* no tuvo dispara-

---

[62] Id., p. 37. El subrayado es mío.
[63] IV parte, capítulo XVII.
[64] CERVANTES: *Don Quixote de la Mancha,* Edic. Schevill-Bonilla, volumen II, p. 348.

te alguno [65]. En otras palabras, para nuestro autor *La destruyción de Numancia* y las tragedias de Lupercio Leonardo de Argensola formaban parte del grupo de obras que no aceptaban
los disparates exigidos por el vulgo. Y un poco más adelante,
nos descubre Cervantes algo del tipo de acciones condenadas
por ese vulgo. Una vez más es útil recordar al creador de don
Quijote oculto tras la máscara del cura, cuando dice: «Otros
lo componen [las comedias] tan sin mirar lo que hazen, que
despues de representadas tienen necessidad los recitantes de
huyrse y ausentarse, temerosos de ser castigados, como lo han
sido muchas vezes, por auer representado cosas en perjuyzio
de algunos reyes y en deshonra de algunos linages» [66]. Esta creo
que es la causa, señalada por Cervantes, de que las tragedias
(*Filis, Alejandra, Isabela, La destruyción de Numancia* y otras)
carentes de los disparates exigidos por el vulgo, no triunfaran
de la manera que merecían. En estas obras se atacaba la imagen de algunos reyes y de algunos linajes. Es decir, se intenta-
ban destruir dos de las bases principales sobre las que se asen-
taba la sociedad cristiano-vieja. Baste recordar la serie de reyes anormales, tiranos y asesinos que aparece en casi todas las
tragedias prelopistas. Una vez situada *La destruyción de Numancia* en la línea del teatro marginado, trataremos de llevar
nuestro intento de lectura hasta el límite tolerable.

Una visión de los hechos históricos

En julio o agosto del año 133 a. de C., la ciudad de Numancia cayó en manos del ejército romano, dirigido por Escipión
Emiliano, después de un largo sitio. El asedio empujó a los
numantinos a un suicidio casi colectivo, después de haber su-
frido el tormento del hambre durante largos meses. El canibalismo hizo su aparición dentro de los muros de Numancia. Cuando los romanos entraron en la ciudad, procedieron a la destrucción total de lo que quedaba en pie.

¿Qué motivos pudo tener Cervantes para recurrir a un

---

[65] Id.
[66] Id., p. 352.

tema heroico tan antiguo al elaborar la que es, sin duda, obra maestra de su teatro? No puede decirse que el tema de Numancia tuviera una presencia abundante en la literatura española. He señalado líneas arriba prácticamente todas las fuentes que pudo utilizar Cervantes. No son muchas. Y, sin embargo, el tema se llena de fuerza y de intención en las manos cervantinas. Se hace difícil aceptar la idea de que el autor se limitara a reconstruir un fresco histórico sin establecer contacto ni relación con su propia época y su propia España.

En *La tragedia en el Renacimiento español* apuntaba yo, sin profundizar en la idea, la posibilidad de que Cervantes se hubiera dejado influir por la situación conflictiva creada con motivo de la anexión de Portugal por Felipe II. *La destruyción de Numancia* hace alusión a esta aventura peninsular. En el acto primero, el Duero le habla a España en los siguientes términos:

«El jiron lusitano, tan famoso,
que un tiempo se cortó de los vestidos
de la yllustre Castilla, a de asirse
de nueuo, y a su antiguo ser benirse» [67].

Pero analizando bien las tensiones interiores españolas, hay otro hecho de armas que puede recordar la destrucción numantina y que tal vez fuera la inspiración inmediata de Cervantes. Me refiero a la sublevación morisca en las Alpujarras y a su aplastamiento por el ejército mandado por don Juan de Austria. Moriscos y don Juan, dos temas entrañables para Cervantes (Lepanto y el morisco lugar del Toboso, patria de la amada de don Quijote), son otras tantas razones para que intentemos ver en ellos la motivación inmediata, la profunda razón de ser de *La destruyción de Numancia* [68]. Si las ambigüe-

---

[67] CERVANTES: *Comedias y entremeses,* Edic. Schevill-Bonilla vol. V, página 125.
[68] El río Duero, en la jornada primera, hace una especie de rápida presentación de hechos importantes en la historia de España. Entre ellos se cita la presencia en la península de los romanos y los godos, las agresiones españolas contra el estado pontificio, la identificación de los reyes españoles como católicos, el gobierno de Felipe II y la anexión de Portugal. ¿Es casualidad o intención el que Cervantes omita toda alusión a los moros y a Lepanto?

dades, paradojas o contradicciones de la tragedia quedasen
aclaradas y resueltas al ser iluminadas con la consideración del
episodio histórico de la guerra de las Alpujarras y del contexto
socio-político en que se produjo, habríamos dado un gran paso
adelante en la tarea de acercamiento a las motivaciones íntimas
del escritor Miguel de Cervantes.

Un breve resumen de la guerra de las Alpujarras nos será
útil para el análisis que tenemos que hacer. Un poco por casualidad, he recurrido al largo estudio del padre Luis Fernández y Fernández de Retana sobre *España en tiempo de Felipe II* [69]. Me ha servido de punto de referencia y de líquido de
contraste para examinar con detalle la manera de criticar *patriótica y cristianamente* —cristianoviejamente— el enfrenta-
miento entre *españoles* y *moriscos* (para mí, españoles de fe
cristiana y españoles de fe mahometana).

La larga etapa que va de 1492 —conquista de Granada por
los Reyes Católicos— hasta la salida de los moriscos decreta-
da por Felipe III, está llena de momentos de tensión entre los
partidarios de la expulsión y los que defendían a los moriscos.
El episodio de las Alpujarras es uno más, el más cruel, pero
uno más, en la larga lista de enfrentamientos. La guerra de se-
cesión aragonesa en tiempo de Felipe II no es, en parte, más
que un aspecto del problema morisco. Pero volvamos a las
Alpujarras.

En 1566, el rey publica, contra la opinión del duque de
Alba, una serie de disposiciones que prohíben el uso de la lengua morisca en público y en privado (concede tres años de
plazo a los moriscos para que usen el castellano); manda entregar todos los libros moriscos a las Chancillerías; ordena
renunciar a ritos, costumbres y trajes moriscos; decreta que
las casas moriscas estén abiertas y que las mujeres lleven el
rostro sin velo. Con el paso del tiempo, Aben Farax inicia la
rebelión. Proclaman rey a Fernando de Córdoba y Válor con
el nombre de Aben Humeya. Y se produce la destitución de
Aben Farax por sus múltiples crueldades.

El marqués de Mondéjar sale el 3 de enero de 1569 con
un ejército contra los rebeldes. Los alcanza en el paso de Alfa-

---

[69] Madrid, Espasa Calpe, 1966, vol. II.

jarali, defendido por el poblado de Bubión, que era el lugar en que los moriscos ricos guardaban a sus mujeres y ocultaban sus riquezas. Mondéjar conquistó un gran botín en el asalto a la plaza fuerte.

Aben Humeya se va, con el resto de su ejército, al territorio de Jubiles. En pleno invierno, con frío y hambre, los moriscos, pobres y sin bagajes, tuvieron que abandonar en Jubiles más de dos mil mujeres y varios cientos de niños y ancianos. Mondéjar impidió la matanza de los rendidos y de los cautivos, provocando así el descontento del ejército contra una política tachada de excesivamente blanda.

En la parte oriental del reino de Granada, el marqués de los Vélez iniciaba la operación bélica. García de Villarroel asaltó Benahadux, degolló al caudillo morisco del lugar y llevó su cabeza a Almería. Mondéjar reaccionó vivamente contra la represión antimorisca tal como era propuesta y defendida por ciertos sectores de la nación. Y es curioso ver cómo, unos siglos más tarde, el historiador Fernández y Fernández de Retana adopta la misma actitud antimorisca, intentando desprestigiar la figura del marqués de Mondéjar y siguiendo el raciocinio (?) de la gran masa tradicionalmente conservadora. Y dice nuestro cronista, pareciendo hacer esfuerzos para justificar inconscientemente las irónicas reacciones cervantinas: «Cualquier persona de sentido tiene derecho a sospechar si no se equivocaría el buen marqués de Mondéjar al contentarse con unas zalemas de arrepentimiento, ante los asesinos calificados, traidores al rey y a la patria, y al no aplicar el justo castigo que reclama la conciencia universal a los que la víspera, o el día mismo de llegar las tropas, habían asesinado, con agravantes canibalescas, a sacerdotes, mujeres, niños y ciudadanos honrados, por cientos, cuyos cadáveres, quemados o despedazados, estaban todavía insepultos en las calles» [70].

Lo que me interesa señalar es que la toma de posición del historiador citado es tan visceral como podía serlo la de los cristianos viejos conservadores del siglo XVI. Se trata, para él, como para ellos, de mantener los mismos principios de exclusión

---

[70] FERNÁNDEZ Y FERNÁNDEZ DE RETANA: *España en tiempo de Felipe II,* vol. II, p. 50.

4

de todos aquellos que no forman parte del núcleo sagrado constitutivo de la patria española. Los marginados, como Cervantes, quedan automáticamente segregados por el común sentir tradicional expresado con mano maestra por Fernández y Fernández de Retana.

Pero sigamos con la presentación de los hechos guiados por la mano de nuestro historiador *ad hoc*. En toda esta campaña militar hubo una larga serie de asedios y cercos que terminaron con el exterminio de los moriscos rebeldes. «La toma de Filix —dice el citado autor [71]— fue muy costosa, pues lucharon bravamente los sublevados, y hasta las mujeres arrojaban piedras y barro a la cara de los asaltantes para cegarlos; pero tuvieron que sucumbir, muriendo varios miles en tres reñidos encuentros, entre ellos los caudillos Futey y El Tezi y una multitud de ancianos, mujeres y niños (fines de enero de 1569).»

Pasaron las semanas y se corrió la voz de que los del Albaicín se iban a sublevar el 17 de marzo, de acuerdo con Aben Humeya. Al verse desde Granada luminarias en la sierra Nevada, tocaron a rebato las campanas de la ciudad y se asaltaron las cárceles en que estaban presos los más ricos moriscos del Albaicín. Los atacados se defendieron, pero hubo más de cien muertos.

El gobierno de la nación estaba dividido. Unos proponían tolerancia y otros exigían una actitud intransigente. Por fin, el 6 de abril de 1569, Felipe II despide a don Juan de Austria en Aranjuez y le envía a Granada. Una vez en campaña, don Juan pone sitio a Galera, plaza fuerte que el marqués de Mondéjar no había podido rendir. Los sitiados, hombres, mujeres y niños, se defendieron contra la superioridad de las tropas de don Juan de Austria, quien recurrió al uso de las minas y de la artillería. Voló los cimientos y arruinó las murallas. Los soldados asaltaron la ciudad y saquearon la población. El 10 de febrero de 1570, se degollaron más de dos mil cuatrocientos hombres y cuatrocientas mujeres. No quedó piedra sobre piedra.

Don Juan de Austria promulgó un edicto invitando a la

---

[71] Id., p. 51.

rendición dentro del plazo de veinte días. Los que se sometieran, podrían rescatar dos de sus parientes prisioneros. Los que resistieran, serían ejecutados.

La aventura de las Alpujarras termina, según el relato del padre Fernández y Fernández de Retana, cuando Requeséns y don Juan de Austria, al ver a los moriscos desarticulados, decidieron, en setiembre de 1570, entrar a sangre y fuego, arrasando sembrados, destruyendo casas y graneros, pasando a cuchillo a todos los hombres, cautivando mujeres e incendiando montes y caseríos. A los que se escondían dentro de las cuevas, los soldados los acosaban con fuego para que salieran o para que murieran asfixiados por el humo. Perecieron cientos o miles de hombres. Muchos de ellos ahorcados. Aben Aboo, el caudillo del momento, se refugió en la sierra con cuatrocientos partidarios, pero fue muerto por uno de los suyos. Su cuerpo, abierto en canal y lleno de sal, fue llevado a Granada, donde lo pasearon montado en un caballo para escarnio del populacho. El cadáver fue, finalmente, arrastrado y descuartizado. La cabeza, metida en una jaula, sirvió de ejemplo patético para quienes aún creyeran en la existencia de los moriscos como grupo identificable y autónomo.

La contemplación de tales horrores, la larga serie de cercos, asedios y destrucciones, no podía dejar insensible a aquella parte de España considerada como elemento marginal. En el fondo, los cristianos nuevos se veían reflejados en la situación de los moriscos. Tan al margen de la sociedad vivían unos como otros. La inestabilidad sico-social de los cristianos nuevos tuvo que sufrir un duro choque contemplando la aniquilación de la resistencia en las Alpujarras. Entre 1570, año en que acaba la guerra, y 1580, fecha alrededor de la que Cervantes debió de escribir *La destruyción de Numancia,* la distancia no es tan grande como para impedirnos el acercar provisionalmente los temas y estudiar la tragedia cervantina a la luz del impacto producido en su autor por el aplastamiento de la revuelta **morisca**.

Los defectos o lunares de «La destruyción de Numancia»

La crítica sobre la *Numancia* ha sido larga y variable. Ya hemos hecho alusión en las páginas precedentes. Los estudiosos más modernos aceptan la obra tal como se nos presenta e intentan dar explicación al texto para buscar la intencionalidad del autor. Los trabajos más antiguos, al contrario, señalaban invariablemente una serie de defectos de *La destruyción de Numancia,* defectos que eran una serie de otros tantos lunares capaces de disminuir la belleza del drama y de atenuar el efecto heroico aparentemente buscado por Cervantes. Entre las faltas señaladas, recordemos la existencia de los personajes alegóricos o figuras morales; el haber presentado a los numantinos como seguidores de la religión romana; las figuras de los enamorados Marandro y Lira, consideradas como inoportunas en medio de las atrocidades de la guerra; el canibalismo de los numantinos, rasgo de gusto dudoso en el mayestático conjunto de la obra; la excesiva altura moral de Cipión, en contraste con su condición de enemigo del pueblo numantino. A mi juicio, todos estos *defectos* de *La destruyción de Numancia* deben verse, más que como defectos, como rasgos significativos —quizá como anormalidades significativas, llevando muy lejos el sentido de lo normal y de lo anormal—, como expresión máxima de la ambigüedad cargada de sentido que puede adivinarse en toda la tragedia. Los supuestos *defectos,* que suenan como notas discordantes en el conjunto dramático, resultan ser fuertes señaladores que indican al espectador cuáles son las claves interpretativas de la intencionalidad del autor.

La figura de Cipión y su concepto del ejército

Empecemos por el final. Siempre se ha puesto de relieve una cierta inconsecuencia en el carácter de Cipión, cuyas reacciones ante su propio ejército y ante la ciudad de Numancia resultan paradógicas y, en cierto modo, contradictorias. Intentando romper la trabazón lógica aparente entre los personajes y sus hechos, es posible llegar a establecer una identificación polivalente de los mismos. De tal manera, ni Roma sería necesariamente Roma, ni Numancia querría representar únicamente a los numantinos, ni Cipión debería identificarse de manera unívoca con el general romano que destruyó Numancia. Podríamos suponer que Cervantes, impresionado por sus experiencias personales, llegó a presentar un hecho histórico con la intención profunda de dramatizar acontecimientos, personajes y situaciones vividas por él mismo y por la España de su tiempo. Si el sitiador, Roma, es España; si el general del ejército sitiador, Cipión, es un trasunto de don Juan de Austria; si el pueblo sitiado, Numancia, aparentemente España, es en realidad el pueblo morisco destruido en las Alpujarras... Si todas estas condiciones se cumplen en el espíritu del espectador o del lector, la obra alcanza una significación muy diferente de la que le hemos venido dando. En otras palabras, si esta lectura resulta exacta, asistiremos a la representación de una obra escrita por un marginado, una especie de asediado espiritual, Miguel de Cervantes, de un drama inspirado en el horror producido por el problema morisco, aún sin solucionar durante la redacción del drama. Cervantes no puede, no quiere, prescindir de la idea de que los moriscos son también españoles.

El acercamiento de las figuras de Cipión y de don Juan de Austria puede parecer forzado y, sin embargo, hay una serie de hechos y pistas que nos invitan a entrar por la difícil vereda. Sírvannos de ejemplo algunos de los elementos siguientes. Cervantes ha conocido, durante su juventud, la feroz campaña de las Alpujarras, encomendada por el rey Felipe II a su hermanastro don Juan de Austria. El problema morisco, que seguía en pie desde 1492, a pesar de los numerosos intentos de asimilación total llevados a cabo por los reyes españoles, va a continuar vivo en el ánimo de Cervantes —hay pruebas suficientes en el *Quijote* o en las *Novelas ejemplares*—. Después de las Alpujarras, don Juan capitanea la empresa de Lepanto y Cervantes lucha, bajo sus órdenes, contra la armada turca. Hay muestras evidentes de la admiración que Cervantes sentía por don Juan de Austria. Astrana Marín dice [72] que, después de la jornada de Lepanto, «alguno de los jefes o compañeros na-

[72] ASTRANA MARÍN: *Ob. cit.,* vol. II, p. 347.

rraría al príncipe su comportamiento [el de Cervantes] singular en la *Marquesa,* cuando allí mismo mandó que, como a
tan benemérito soldado, se le acrecentase tres escudos al mes
su paga de costumbre». El año 1572 Cervantes se recupera
lentamente de las heridas recibidas en Lepanto. Está en el hospital de Mesina. Don Juan de Austria visita con frecuencia a
los enfermos. Y dice Astrana que «en 15 de enero de 1572 se
dispuso le entregasen [a Cervantes] veinte ducados de ayuda
de costa. Ocho días después recibió otros veinte, por una li-
branza suelta de gastos secretos y extraordinarios de don Juan.
En 9 de marzo le agregan veinte ducados de a once reales,
«para acabar de curar de las heridas», y en 17 del mismo mes,
junto con otras personas beneméritas de la batalla, percibe
veintidós escudos. Tres o cuatro semanas más tarde, hacia mediados de abril, era dado de alta, aunque mal curado o no
curado del todo» [73]. En otras palabras, Cervantes, que admiraba
a don Juan como militar, pudo observar en él rasgos de humanidad a causa de su preocupación por los soldados heridos al-
bergados en el hospital de Mesina.

Hay en algunas obras cervantinas alusiones elogiosas a don
Juan de Austria. En el *Viaje del Parnaso,* por ejemplo, se refiere el autor al episodio de Lepanto:

> «Arrojose mi vista a la campaña
> rasa del mar, que truxo a mi memoria
> del heroyco don Iuan la heroyca hazaña,
> donde, con alta de soldados gloria,
> y con propio valor y ayrado pecho,
> tuue, aunque humilde, parte en la vitoria» [74].

En el acto segundo de *Los baños de Argel* aparecen dos o
tres morillos y se burlan de los cautivos cristianos. Repiten continuamente «don Iuan no venir»:

> «Mor.: ¡Rapaz christiano,
>   non rescatar, non fugir;
>   don Iuan no venir,
>   aca morir,
>   perro, aca morir!

---

[73] Id., pp. 369-71.
[74] CERVANTES: *Viage del Parnaso,* Edic. Schevill-Bonilla, p. 17.

Sacristan: ¡O hijo de vna puta,
               nieto de vn gran cornudo,
               sobrino de vn bellaco,
               hermano de vn gran traydor y sodomita!
Otro [moro]: ¡Non rescatar, non fugir;
               don Iuan no venir;
               aca morir!

[Los morillos insisten varias veces con la misma cantinela. Y dice el]

Viejo: Bien de aquesso se infiera
          que si el venido huuiera,   [o sea, don Juan]
          vuestra maldita lengua
          no tuuiera ocasion de dezir esto.
Morillo: ¡Don Iuan no venir;
          aca morir!
Sacristan: Escuchadme, perritos;
          venid, ¡tus, tus!, oydme,
          que os quiero dar la causa
          porque don Iuan no viene; estadme atentos.
          Sin duda que en el cielo
          deuia de auer gran guerra,
          do el general faltaua,
          y a don Iuan se lleuaron para serlo.
          Dexadle que concluya,
          y vereis cómo buelue,
          y os pone como nueuos» [75].

Es decir, para los morillos, según Cervantes, don Juan es la esperanza de redención de los cristianos que gimen en tierra musulmana. Por eso se burlan del sacristán y del viejo diciéndoles que tendrán que seguir cautivos porque don Juan no va a salvarlos. Y en efecto, don Juan de Austria no podrá ser el liberador, ya que ha muerto de forma un tanto dolorosa para quien estimaba y admiraba sus virtudes, como era el caso de Cervantes. Cuando nuestro autor vuelve a España al salir del cautiverio, descubre la trágica desaparición de don Juan. ¿Es de extrañar que Cervantes, en los años inmediatamente posteriores a su retorno a la patria, tuviera en cuenta a don Juan y

[75] CERVANTES: *Comedias y entremeses,* Edic. Schevill-Bonilla, volumen I, pp. 283-4.

a los moriscos al escribir una obra como *La destruyción de Numancia,* en la que se pone en escena la aniquilación de un pueblo por un general hacia el que el autor siente una admiración considerable?

Continuemos por el camino indicado líneas arriba. Cervantes escribe un soneto de alabanza a *La Austríada,* de Juan Rufo, publicada en 1584.. El poema trata de las hazañas de don Juan de Austria en las Alpujarras y en Lepanto. Su autor, que asistió a la gran *batalla naval* contra los turcos, se sirvió de algunas *relaciones* que el propio don Juan de Austria o su secretario Soto le facilitaron. *La Austríada* es un canto de alabanza sin límites al hijo natural de Carlos V. Y resulta lógico pensar que Cervantes conocería el poema antes de publicarse, ya que escribió, en honor de Rufo, el siguiente soneto, en que se hace un rápido elogio de don Juan de Austria:

> «¡O venturosa, leuantada pluma,
> que en la empressa mas alta te ocupaste
> que el mundo pudo dar, y al fin mostraste
> al recibo y al gasto igual la suma!
> Calle de oy mas el escriptor de Numa,
> que nadie llegará donde llegaste,
> pues en tan raros versos celebraste
> tan raro capitan, virtud tan summa.
> ¡Dichoso el celebrado y quien celebra,
> y no menos dichoso todo el suelo,
> que de tanto bien goza en esta historia,
> en quien enuidia o tiempo no haran quiebra,
> antes hara, con justo zelo, el cielo,
> eterna mas que el tiempo su memoria!» [76].

Rufo «presentó a la ciudad de Córdoba la obra en mantillas; este plan inicial se amplió con nuevos datos suministrados por el contador Juan de Soto durante la estancia de Rufo en Nápoles. La obra debió de sufrir varios retoques, ya que su autor la dio a leer manuscrita a numerosos amigos» [77]. En consecuencia, es de suponer que Cervantes leyera el poema de Rufo

---

[76] CERVANTES: *Comedias y entremeses,* Edic. Schevill-Bonilla, vol. VI, página 38.

[77] RUFO: *Las seiscientas apotegmas...,* Edic. Blecua, p. XIII.

antes de ser impreso. ¿Pudo inspirarse nuestro dramaturgo en *La Austríada* para construir su *Numancia,* como trasunto de la trágica jornada de las Alpujarras?

Es difícil establecer de manera clara la dependencia mutua de ambas obras. Pero al poner junto al Cipión cervantino determinados aspectos del don Juan de Rufo, aquél resulta extrañamente iluminado. En *La Austríada* se hacen también algunas alusiones a la presencia y empresas de don Juan, teniendo como punto de referencia las costumbres existentes en la Roma imperial y conquistadora. No se llega a identificar a don Juan como a un nuevo Escipión, ni a las Alpujarras como a una moderna Numancia, pero se hacen, de pasada, referencias a la Roma antigua y sus acciones bélicas que en modo alguno deben quedar desapercibidas para nosotros.

Sírvanos de ejemplo primero el pasaje del canto IV de *La Austríada* en que don Juan llega a Granada. Rufo ha unido la imagen del general entrando en la ciudad andaluza con la de los jefes militares romanos volviendo victoriosos a la capital del imperio. Ni el mismo Cicerón (la lengua Tulia) podría describir fácilmente aquel acontecimiento:

> «¿Que lengua explicará, aunque Tulia sea,
> el aplauso de aquel recebimiento,
> si no es que infundir sabe alguna idea
> a medida del gusto y pensamiento?
> Mostrábase la gente de pelea,
> usando del vulcánico instrumento,
> a imitación de las batallas fieras,
> con tal denuedo que parece veras.
> De todo sexo y calidad de gente
> la multitud que ocurre es cosa extraña,
> en el hábito y forma mas decente
> que se requiere en ocasion tamaña:
> tal iba al Campidolio antiguamente,
> romano capitan por gran hazaña,
> cual en el pueblo entraba agradecido
> el que por bien del mundo fue nacido» [78]

---

[78] RUFO: *La Austríada,* p. 31.

La comparación de don Juan con el «romano capitan»
queda bien clara. Faltaría añadir el nombre de Escipión. Rufo
hace una alusión evidente al conquistador de Numancia, aunque no le pone como punto de comparación con don Juan
de Austria, sino con el duque de Arcos. El pasaje pertenece
al canto XVIII:

> «No fué el caudillo de la gran Cartago,
> mas sutil en ardides ni mas fuerte
> que el duque de Arcos; ni otros que triunfales
> en Roma los tuvieron, fueron tales» [79].

El «caudillo de la gran Cartago» es, sin duda, Escipión
Emiliano. Y su presencia, como personaje de referencia para
situar a uno de los jefes del ejército que destruyó la resistencia
de las Alpujarras, es probablemente significativa.

El segundo elemento importante en el problema que nos
ocupa es la relación entre el sitio de Numancia y la rendición
de las Alpujarras. Juan Rufo también establece un cierto lazo
de unión. Don Juan de Austria ha puesto sitio a Galera. Los
habitantes del lugar envían un mensajero al jefe Aben Aboo
comunicándole su firme decisión de resistir. El texto pertenece al canto XVI:

> «Mas, impacientes ya por la tardanza,
> y recelosos de mayor aprieto,
> un hombre de recaudo y confianza
> despachan los sitiados á su eleto,
> pidiendo que les cumpla la esperanza
> que tienen de favor, pues en efeto
> en ser constantes han llegado al punto
> de los famosos hombres de Sagunto» [80].

Los cercados se autoidentifican con los héroes de Sagunto,
la otra ciudad mártir de la Hispania antigua, caída en manos de Aníbal después de una resistencia desesperada el año
219 a. de C. Sagunto es un caso perfectamente paralelo con el
de Numancia. Y el hecho de comparar a los cercados en Galera con los «famosos hombres» saguntinos añade un elemento
de indudable valor a nuestro estudio.

---

[79] Id., p. 94.
[80] Id., p. 85.

Hay ciertos detalles que rodean la figura de don Juan en *La Austríada* y que aparecen también en el Cipión cervantino. Al presentar la imagen del general romano en las páginas que siguen, haré la relación necesaria con los textos oportunos tomados de la obra de Rufo.

Nuestro autor adopta en la tragedia una doble actitud pro-Cipión y pro-Numancia. Y, en consecuencia, anti-ejército-romano. En toda la obra hay una evidente idealización de la vida militar, aunque es necesario añadir inmediatamente que dicha idealización puede no tener sólo un aspecto teórico. Tal vez oculte también una reacción personal, vivida, contra el ejército español. La llegada de Cipión para ponerse al frente de las tropas tiene un aire purificador que recuerda la entrada de don Juan de Austria, ídolo cervantino, en la escena de las Alpujarras, de tan larga y difícil historia como la de Numancia. Cervantes presenta en la obra un ejército corrompido, un general nuevo y vigoroso y un pueblo que muere, pero no es vencido. En el espíritu del autor, la identificación del ejército, del general y del pueblo se llevó a cabo según condicionamientos y motivaciones muy hondos y que no resultan fácilmente localizables, si no es recurriendo a una visión de conjunto de lo que Cervantes fue y, sobre todo, de lo que Cervantes quiso ser.

La destruyción de Numancia presenta en escena a un general agresivo contra su propio ejército. En toda la pieza se establece una clara línea divisoria entre Cipión y Roma. Cervantes respeta y honra al general. Desprecia y ataca a Roma. Es decir, exalta a don Juan de Austria y vitupera a la España agresiva de los grupos marginados. Cipión se dirige a los soldados en términos muy poco equívocos:

> «Deçisey [s] años son y mas pasados
> que mantienen la guerra y la ganançia
> de auer bençido con feroçes manos
> millares de millares de rromanos.
> Bosotros [os] bençeis, que estais bençidos
> del uajo antojo y femenil, liuiano,
> con Venus y con Baco entretenidos,
> sin que a las harmas estendais la mano» [81].

[81] CERVANTES: *Comedias y entremeses,* Edic. Schevill-Bonilla, vol. V, página 109.

Todo el primer discurso de Cipión a los soldados romanos
es de una gran ambigüedad, que suponemos voluntariamente
mantenida por Cervantes. Viendo estas zonas poco claras de la
intención del autor en un conjunto más amplio, el resultado
será sospechoso. Cipión habla a su ejército:

> «El general discuido vuestro, amigos,
> el no mirar por lo que tanto os toca,
> leuanta los caydos enemigos,
> que vuestro esfuerço y opinion apoca.
> Desta çiudad los muros son testigos,
> que *aun oy está qual bien fu[n]dada rroca,*
> de vuestras pereçosas fuerças banas,
> *que solo el nombre tienen de rromanas.*
> ¿Pareçeos, hijos, que es jentil haçaña
> que tiemble del rromano nombre el mundo,
> y que bosotros solos en España
> le aniquileis y echeis en el profundo?» [82].

Es decir, el ejército que Cipión dirige no tiene de romano
más que la apariencia, el nombre. Es el ejército español. Los
sitiados, los moriscos y su problema, siguen firmes «qual bien
fundada rroca». La situación continúa tensa en tiempos de
Cervantes. Y, finalmente, todo el mundo tiembla ante el ejército romano (español), aunque dentro de España ese mismo
ejército está enterrando y destruyendo su fama.

Cervantes establece una diferencia notable entre Cipión y
los romanos. Señal patente de la ambigüedad que vengo señalando. Veamos el ejemplo siguiente tomado del acto tercero.
Caravino, portavoz de Numancia, propone a Cipión un combate singular para solucionar el conflicto. El general romano
reacciona violentamente contra la propuesta de Numancia y
tacha de loco a quien se atreva a poner en libertad las fieras
enjauladas. Y añade, dirigiéndose a los numantinos:

> «Bestias soys, y, por tales, ençerradas
> os tengo donde aueis de ser domadas» [83].

---

[82] Id., p. 107. Los subrayados son míos.
[83] Id., p. 153.

La violencia oral hace su aparición. Después del insulto a los sitiados, Cipión se va y Caravino continúa: «¿No escuchas mas, cobarde?» [84]. Sigue una larga imprecación contra los romanos:

> «Cobardes soys, rromanos, bil canalla,
> *con vuestra muchedumbre confiados,*
> y no en los diestros braços leuantados.
> ¡Perfidos, desleales, fementidos,
> crueles, rreboltosos y tiranos;
> cobardes, yndiçiosos, malnaçidos,
> pertinaçes, feroçes y *villanos;*
> adulteros, ynfames, conoçidos
> por de yndustrosos, mas cobardes manos!» [85].

Caravino llama cobarde a Cipión, pero a quien de verdad intenta agredir con su larga serie de imprecaciones es a los romanos. La desproporción entre el insulto al general y el insulto al pueblo de Roma es demasiado grande para no ser tomada en cuenta, sobre todo si se considera que antes sólo se ha hablado del general, y no de los romanos.

La maldición de Caravino, altavoz del Cervantes crítico de aquellos que confían en la fuerza de *la muchedumbre villana* —tema harto conocido para quien frecuenta los parajes de la sociedad española clásica—, continúa en términos semejantes:

> «[liebres en pieles fieras disfrazados,
> load y engrandeced vuestras haçañas]
> ... ...» [86].

Cervantes ataca duramente a la gran masa española representada, paradógicamente, aquí por el ejército romano. Veamos otro curioso ejemplo. Al empezar el acto cuarto con un toque de alarma en el campamento de Roma, sale Cipión a escena queriendo saber la causa de tal señal. Y desde sus primeras frases manifiesta la misma ambigüedad. Cervantes siente profunda simpatía por Cipión y los numantinos. Y profundo

---

[84] Id.
[85] Id., p. 154. El subrayado es mío.
[86] Id., p. 154.

rencor contra los romanos. En consecuencia, Cipión no se fía de los amigos:

> «que tan seguro estoy del enemigo,
> que tengo mas temor al que es amigo» [87].

Es decir, desconfía de los romanos. O sea, Cipión-don Juan de Austria está en guardia contra los mismos romanos-españoles. Cervantes hubiera querido que don Juan no se fiara de la gran masa española. Las tenebrosidades que envuelven las historias de Antonio Pérez, Escobedo, el príncipe y la princesa de Eboli, Felipe II y don Juan de Austria, son la mejor explicación de la desconfianza cipioniana. Podría argumentarse que la frase del general romano no tiene más que un sentido: el enemigo está sometido y es impensable que pueda resolverse contra Roma. Pero éste no sería más que un primer nivel de lectura. El segundo nivel, que es el que he señalado más arriba, me parece mucho más válido y verdadero. ¿Será preciso recordar otra vez el deseo cervantino de ser juzgado sobre todo por lo que no dice?

Cerraré esta serie de reflexiones sobre la relativa cercanía que en el ánimo de Cervantes ocupan Cipión y los numantinos, con otro texto tomado del acto cuarto. Ahora será el general romano quien manifieste su admiración por el pueblo de Numancia. Cuando le cuentan a Cipión la aventura de Marandro y Leonicio, que han atacado el campamento romano para buscar pan, el general comenta:

> «Si, estando desambridos y ençerrados,
> muestran tan demasiado atreuimiento,
> ¿que hiçieran siendo libres y enterados
> en sus fuerças primeras y ardimiento?
> ¡Yndomitos! ¡Al fin sereis domados,
> porque contra el furor vuestro biolento
> se tiene de poner la yndustria nuestra,
> que de domar soberuios es maestra!» [88].

Los romanos (españoles) son poderosos, industriosos, pero no gozan de la simpatía del autor desde el momento en que

---

[87] Id., p. 174.
[88] Id., p. 176.

adoptan la actitud de quien es diestro en el arte de someter a los demás.

Hablábamos líneas arriba de la evidente idealización de la vida militar que presenta *La destruyción de Numancia*. Pero esta idealización se hace patente en el deseo cipioniano de limpiar el ejército concreto que tiene bajo su mando. Cervantes hace un verdadero canto a la purificación de la tropa. Y esta toma de posición debe de tener mucho que ver con el estado de la organización militar española que el mismo autor conocía. La idealización del ejército, lo que Cervantes querría que el ejército fuera, nos es presentado bajo los trazos negativos de la milicia romana. Habla Cipión:

> «Primero es menester que se rrefrene
> el biçio que entre todos se derrama;
> que si este no se quita, en nada tiene
> con ellos que haçer la buena fama.
> Si este daño comun no se preuiene,
> y se deja arraygar su ardiente llama,
> el biçio solo puede haçernos guerra
> mas que los enemigos de esta tierra» [89].

Los dos últimos versos, puestos en boca de Cervantes, son altamente significativos. Y un poco más adelante, Yugurta le habla a Cipión sobre el mismo tema:

> «No dudo yo, señor, sino que ynporta
> (rre)cojer con duro freno la maliçia,
> y que se de al soldado rrienda corta
> quando el se preçipita en la ynjustiçia.
> La fuerça del exerçito se acorta
> quando ba sin arrimo de justiçia,
> aunque mas le [acompañen] a montones
> mill pintadas banderas y escuadrones» [90].

Además de plantear el problema de fondo —las armas al servicio de la justicia, como en el caso de don Quijote—, Cervantes insiste en el tema de la purificación del ejército y en sus detalles más concretos. Lo hace por boca de su elegido Cipión,

---

[89] Id., p. 106.
[90] Id., pp. 106-7.

posible trasunto del admirado don Juan de Austria. Nuestro autor quiere ver el ascetismo al lado del soldado en armas:

> «De nuestro campo quiero, en todo caso,
> que salgan las ynfames meretriçes,
> que, de ser rreduçidos a este paso,
> ellas solas an sido las rrayçes.
> Para beuer no quede mas de un baso,
> y los lechos, un tienpo ya feliçes,
> llenos de concubinas, se desagan,
> y de fajina y en el suelo se hagan.
> No me guela el soldado otros olores
> que el olor de la pez y de rresina,
> ni por golosidad de los sauores
> trayga siempre aparato de coçina:
> que el que husa en la guerra estos primores,
> muy mal podra sufrir la cota fina;
> no quiero otro primor ni otra fragancia,
> en tanto que español biua en Numançia.
> ... ...
> ... ...
> En blandas camas, entre juego y bino,
> allase mal el trauajoso Marte;
> otro aparejo busca, otro camino;
> otros braços leuantan su estandarte;
> *cada qual se fabrica su destino;*
> no tiene alli fortuna alguna parte;
> la pereça fortuna baja cria;
> la dilijençia, ynperio y monarquia» [91].

Si la presencia viva y cálida de Cervantes detrás del Cipión que predica la purificación del ejército ofrecía alguna duda, la frase «cada qual se fabrica su destino» viene a confirmar las sospechas. El hombre se hace con sus obras, el hombre es hijo de sus acciones y no de sus antepasados. Afirmación típica de quien intentaba trazar el surco de su vida a partir de su deseo personal de integrarse en una sociedad hostil y no de la tara que suponía su sangre «poco limpia». «Cada cual se fabrica su destino» es la expresión más típica de· quien echa al mundo a don Quijote, personaje que por primera vez crea su

---

[91] Id., pp. 109-10. El subrayado es mío.

propia singladura en lo que será el punto de partida de la novela occidental. De ahí el que la lectura entre líneas nos permita descubrir a Cervantes agazapado detrás de la apariencia romana de Cipión.

En *La Austríada,* de Juan Rufo, hay un pasaje en que don Juan de Austria recuerda, por su actitud, al Cipión cervantino. El general ha entrado en Granada para hacerse cargo de la dirección del ejército real. Es recibido en triunfo. Y el poema recoge el momento en que el nuevo caudillo decide reorganizar y purificar las tropas. Estamos en el canto VI:

> «Porque la guerra en casa y la milicia
> de gente nunca usada á tal dotrina
> habian hecho premio la avaricia,
> los hurtos y desórden disciplina,
> la inclemencia decian ser justicia,
> astucia el retirarse mas ahína,
> la guerra imaginaban como trato,
> juzgando por vencer comprar barato.
> Y así, se habian deshecho compañías,
> quedando casi solas las banderas,
> aunque ministros por diversas vias
> llegasen los castigos á las veras;
> mas ya, gloria y honor de nuestros dias,
> te vuelven á buscar do los esperas;
> que el amor y respeto los inflama
> a seguir tu ventura, que los llama.
> ¿Qué no puede un ejemplo verdadero
> en la dócil mejor naturaleza?
> Pues aun aquellos mismos que primero
> rehusaban de Marte la aspereza,
> se vuelven á vestir de fuerte acero
> olvidando el regalo y la terneza;
> sin muchos que de nuevo se inclinaron
> a las armas, que nunca profesaron» [92].

Ante la arenga del general romano los soldados reaccionan prometiendo enmendar sus vidas. Una vez solucionado el problema de la purificación, acaba el tema de la vida militar y la

---

[92] Rufo: *La Austríada,* p. 34.

5

alabanza de Cipión pierde fuerza, para ser cortada inmediatamente por la llegada de los dos embajadores numantinos.

Todas estas reflexiones sobre la distinta actitud cervantina ante Cipión y ante Roma nos llevan irremediablemente a examinar la figura solemne y grandiosa de aquél. Cervantes pone al general romano muy por encima del resto de los personajes, a pesar de ser, en principio, la encarnación misma del enemigo de Numancia. De ahí la significativa ambigüedad de su figura.

Se hace difícil compaginar la ferocidad de don Juan de Austria arrasando la resistencia morisca con el meticuloso cuidado y devoción de que hace gala Cervantes al trazar los rasgos de Cipión. Ya decía al principio de este trabajo que mi lectura no podía discurrir por vías de causalidad unívoca. Veo en este caso la expresión de la admiración cervantina hacia «el rayo de la guerra» [93] que fue don Juan de Austria, ejemplo de generales, y, en todo caso, polarizador de una corriente española que pretendió remplazar al rey Felipe II —auténtica *bête noire* cervantina— por el propio hijo natural de Carlos V. Don Juan de Austria es la manifestación de la esperanza cervantina en la renovación de las estructuras sociales españolas. De ahí su inclinación.

En la tragedia que comentamos, uno de los dos embajadores numantinos que llegan ante Cipión en el primer acto se dirige a él en los siguientes términos, después de que el romano les ha autorizado a hablar:

> «Pues con ese seguro que tenemos,
> de *tu rreal grandeça* concedido,
> dare principio a lo que soy benido.
> Numançia, de quien yo soy çiudadano,
> *ynclito general*, a ti me enbia,
> como al mas fuerte capitan rromano
> que a cubierto la noche y bisto el dia» [94].

---

[93] En el acto segundo, cuando los dos sacerdotes están preparando un sacrificio para adivinar el porvenir de Numancia, aparecen ante ellos malos augurios, entre otros, un rayo ardiente que pasa volando. Si este rayo se refiere a Cipión, no sería muy difícil hacer el paralelo con don Juan de Austria.

[94] CERVANTES: *Comedias y entremeses,* Edic. Schevill-Bonilla, volumen V, p. 113. El subrayado es mío.

Al calificar a Cipión de «ynclito general» y de «el mas fuerte capitan rromano», Cervantes pone de relieve la importancia que los numantinos le conceden. Pero el hablar de su «rreal grandeça» hace pensar en las segundas intenciones cervantinas de que venimos hablando. Don Juan de Austria, de sangre real, era el mayor soldado en opinión de Cervantes. Y la esperanza de quien, como el autor de el *Quijote*, se sentía en la España de su época tan aislado como los mismos numantinos en la tragedia.

Los ya citados embajadores de Numancia se refieren a Cipión en términos de gran alabanza. Piden que cese la porfía, porque la ciudad asediada ha sido siempre leal y nunca se ha apartado de la ley marcada por el senado romano

> «si el insufrible mando y desafueros
> de un consul y otro no le fatigara.
> Ellos con duros estatutos fieros,
> y con su estraña condiçion abara,
> pusieron tan gran yugo a nuestros cuellos,
> que forçados salimos del y dellos
> ....» [95].

De todo ese conjunto de cónsules romanos —españoles, leemos nosotros— que han oprimido a los numantinos —moriscos, leemos nosotros—, sólo una esperanza queda: la llegada del nuevo general, tan distinguido por la mano del autor de la tragedia. Por eso le hablan los embajadores numantinos en términos semejantes a los señalados líneas arriba:

> «Tu birtud y balor es quien nos çeua,
> y nos declara que sera ganançia
> mayor que quantas desear podemos,
> si por señor y amigo te tenemos» [96].

Cuando Cipión les niega su amistad a los numantinos, uno de los embajadores continúa:

> «y antes que pise[s] de Numançia el suelo,
> prouarás do se estiende la yndignada

---

[95] Id., p. 114. La tentación de identificar los «duros estatutos fieros» con los estatutos de limpieza de sangre, es grande.

[96] Id.

> fuerça de aquel que, siendote enemigo,
> quiere ser tu basallo y fiel amigo» [97].

Los generales no tienen vasallos. Los reyes sí. Unamos el contenido del último verso con la «real grandeza» atribuida a Cipión un poco antes, y no podremos evitar la pregunta relativa a la identidad cipioniana. Los mismos embajadores numantinos llaman la atención del espectador cuando dicen al general:

> «sin querer la amistad que te ofreçemos,
> correspondiendo mal de ser quien eres» [98].

Este «ser quien eres» es parte de la gran admiración que se tiene a Cipión. Los pueblos oprimidos de España —los moriscos, paradógicamente— hubiesen querido, en boca del Cervantes integrador y predicador de la igualdad, que don Juan, ídolo cervantino, actuara de otra forma. La esperanza de los marginados, a través del soñador Cervantes, buscaba una intervención de don Juan que, en realidad, se llevó a cabo de manera muy distinta.

La lectura de *La Austríada* de Juan Rufo puede sernos, una vez más, extremadamente útil a la hora de rasgar el velo que cubre la intimidad de la intencionalidad de nuestro dramaturgo. La expresión «real grandeza», considerada en abstracto, podría interpretarse en sentido de «auténtica grandeza», «grandeza verdadera», «grandeza que corresponde a la realidad», con lo que el adjetivo «real» no haría referencia alguna a lo perteneciente o lo relativo al rey. Creo que el contexto en que la frase aparece se presta mal a semejante interpretación. Además, y a título de ejemplo paralelo y complementario, podemos considerar un breve pasaje de *La Austríada*, en que Rufo alude, de manera no equívoca, al carácter real del rebelde Aben Humeya con las mismas palabras usadas por Cervantes para referirse a Cipión. Habla el citado Aben Humeya:

> «Rey soy, y rey me llaman mil naciones,
> merced de vuestros ánimos leales,
> que opuestos contra tiempo y su aspereza,
> me restituyen mi rëal grandeza» [99].

---

[97] Id., p. 115.
[98] Id., p. 116.
[99] RUFO: *La Austríada*, p. 36.

La historia nos está indicando, por otra parte, que, detrás de la aparentemente inocente adjetivación cervantina («rreal grandeça»), hay una oculta preocupación en torno a un problema creado por la tensión existente entre Felipe II y don Juan de Austria a propósito del tratamiento que a este último le correspondía. Astrana Marín se refiere a dicha situación en los términos siguientes: «Felipe II [...], por sospechas de que don Juan, en su viaje y durante su estancia en Barcelona, recibía complaciente el título de Alteza, le escribió, entre otros despachos e instrucciones, una carta de propia mano, prohibiéndole el uso de aquel título y los honores de príncipe, que él no le otorgara» [100].

Don Juan contestó al rey con una carta en la que le señala que preferiría recibir comunicaciones de este tipo directamente de la boca del monarca. Y comenta Astrana: «Se dolió también de que su hermano le negara el título de Alteza (que luego le dio todo el mundo y el Consejo de Estado le confirmó en 1575) en varias cartas al príncipe de Eboli, a cuya facción, opuesta a la del duque de Alba, pertenecía. Tanto le pesó, que Requeséns decía que nunca le pudo persuadir de que aquello era insubstancial» [101].

El hecho es que la tensión entre Felipe II y don Juan en torno al tratamiento de este último fue algo conocido. Era, al fin y al cabo, una de las manifestaciones externas del malestar profundo que alteraba sus relaciones. Es curioso recordar que, cuando Pío V entregó a don Juan el estandarte que había de servir de enseña para la armada cristiana contra los turcos, se dirigió a él con las palabras «Toma, dichoso príncipe...», dándole el título que su propio hermano le negaba» [102].

Rufo, en su *Austríada,* parece reflejar también la actitud de quienes se pusieron de parte de don Juan de Austria en su disputa con el rey. El poema insiste varias veces en la condición del héroe. Así, por ejemplo, cuando don Juan entra en Granada, la gente grita y dice:

---

[100] Astrana Marín: *Ob. cit.,* vol. II, pp. 288-9.
[101] Id., p. 289.
[102] Id., p. 291.

«Vén, vén, restaurador de nuestro reino,

... ...

... ...

que el seguro proceso de tus años
nos pronostica en tu *real* figura
propicia y agradable la ventura» [103].

En otros momentos se hacen alusiones semejantes:

«porque ojos, lenguas, almas pensamientos,
iban siguiendo la *real* presencia,
como la sombra suele á su existencia» [104].

Lo mismo en:

«Si al *príncipe* su ayo se mostraba
con cierta reverencia amigo afable» [105].

A la luz de estos elementos, tal vez resulte menos extraña
y más profunda la «rreal grandeça» de Cipión.

Aparte de lo que podríamos calificar de alabanzas directas
a Cipión, en la obra se trata de presentar el carácter ejemplar
de su persona. Cervantes hace actuar al general romano como
maestro en el arte militar. Cipión es un auténtico caudillo,
el caudillo esperado, que da lecciones continuas de cómo debe
conducirse el hombre público. Este carácter ejemplar de Cipión es profundamente sospechoso, sobre todo en una de sus
manifestaciones. Es preciso escuchar al enemigo, porque siempre trae consigo algo de verdad. En la dogmática España que
le correspondió en suerte a Cervantes —¡cuántos Cervantes
ha habido en nuestra historia!—, esta llamada a la relati-
vización de la verdad del que gobierna y domina tuvo que so-
nar como un aldabonazo en la noche. No es raro que los dramas cervantinos llegaran a oídos de sordo. Y, al contrario,
tampoco es inexplicable la complacencia con que ese mismo
público, ya no sordo, contemplaba las obras del teatro mal llamado nacional. Cuando los dos embajadores de Numancia van
a presentarse ante Cipión, éste dice:

---

[103] Rufo: *La Austríada*, p. 31. El subrayado es mío.
[104] Id., p. 32. El subrayado es mío.
[105] Id. El subrayado es mío.

«... ... ... Daldes entrada;
que, aunque descubran çierto falso pecho,
al enemigo siempre de probecho,
jamas la falsedad bino cubierta
tanto con la berdad, que no mostrase
algun pequeño yndiçio, alguna puerta
por donde su maldad se entestiguase.
Oyr al enemigo es cosa çierta
que siempre aprobechó mas que dañase,
y, en las cosas de guerra, [la] esperiençia
muestra que lo [que] digo es çierta çiencia» [106].

Cuando se van los dos embajadores numantinos, Quinto Favio
habla en términos dominadores dirigiéndose a Cipión y hablando de ellos:

«mas ya es llegado el tiempo y es benido
do bereis vuestra gloria y vuestra muerte» [107].

Y Cipión contesta:

«El bano blasonar no es admitido
de pecho baleroso, honrrado y fuerte.
Tiempla las amenaças, Fauio, y calla,
y tu balor descubre en la batalla» [108].

Cipión decide rendir a Numancia por el hambre estrechando el
cerco. Todos deben trabajar en las obras del asedio. Cipión el
primero:

«Haçed todos qual yo; bereis que hago
tal obra, con que a todos satisfago» [109].

---

[106] CERVANTES: *Comedias y entremeses,* Edic. Schevill-Bonilla, volumen V, pp. 112-3.
[107] Id., p. 116. Sancha lee «nuestra gloria». El verso segundo es
de difícil interpretación. Quinto Favio habla cuando ya se han ido los
embajadores. Y alude a ellos con la repetición del adjetivo «vuestra».
¿Es una amenaza a los ya ausentes, que siguen presentes en el ánimo
de los romanos? En tal caso se trataría de un anuncio de la gloria y
la muerte de Numancia, con alteración del orden normal muerte/gloria.
Si se acepta la lectura de Sancha, «nuestra gloria», Quinto Favio sigue
aludiendo a los ya ausentes —«vuestra muerte». Prefiero respetar la
forma fijada por Schevill y Bonilla.
[108] Id., pp. 116-7.
[109] Id., p. 117.

El carácter ejemplar de la figura de Cipión queda así perfectamente señalado.

En el general romano hay otro rasgo que impresiona al lector de *La destruyción de Numancia*. Es la piedad que anida en su alma. Cervantes insiste mucho en la dimensión humana del personaje. Este Cipión-don-Juan-de-Austria pregona la misericordia de su corazón ante el horrible espectáculo que ofrece la muerte colectiva de los numantinos. El cónsul de Roma, viendo la aniquilación de aquel pueblo hispano, muestra su magnanimidad, ajeno en cierto modo a las crueldades de la guerra. Y dice así:

«¿Estaua, por bentura, el pecho mio
de barbara arrogançia y muertes lleno,
y de piedad justisima baçio?
¿Es de mi condiçion, por dicha, ajeno
husar begninidad *[sic]* con el rrendido,
como conbiene al bençedor que es bueno?
[¡Mal], por çierto, tenian conoçido
el balor en Numançia de mi pecho,
para bençer y perdonar naçido!» [110].

Es como si Cervantes sintiera la necesidad de justificar visceralmente la acción de Cipión. El autor está en un grave dilema, entre su postura partidista favorable a los numantinos y su indudable inclinación hacia el aniquilador de Numancia. Su única salida airosa es echar la culpa de la situación a la ignorancia de los sitiados, que no habían entrevisto los valores acumulados en el pecho de Cipión. ¡Tensión trágica la del autor, que no tiene otra explicación distinta de la que venimos dando! Cipión está profundamente identificado en el ánimo cervantino con su gran ídolo militar, don Juan de Austria.

Se me permitirá introducir aquí una breve digresión sobre la figura histórica de don Juan de Austria y su presencia en el poema de Juan Rufo. Este desgarrón interno que se produce en Cervantes al trazar los rasgos de Cipión, responde al dilema que se le plantea al propio don Juan de Austria. La feroz represión de los moriscos tiene su contrapeso y su lado paradógico en la carta que el vencedor de Lepanto envió a Ruy Gómez

---

[110] Id., p. 197.

de Silva, príncipe de Eboli, el 5 de noviembre de 1570. Don Juan se expresa en estos términos: «Es grande el número de los moriscos que han salido desta sola parte, y hanse echado con menos de mil soldados, con la mayor lástima del mundo, porque al tiempo de la salida cargó tanta agua, viento y nieve, que, cierto, se quedaban en el camino a la madre la hija, y la mujer al marido y a la viuda su criatura. No se niegue que ver la despoblación de un Reino es la mayor compasion que se puede imaginar. Al fin, señor, esto es hecho» [111].

Aparece en estas líneas un lado humano del personaje que contrasta y choca con la imagen agresiva y cruel que podemos contemplar desde otra perspectiva. El paralelo con las coordenadas que estructuran al Cipión cervantino, hecho de fiereza y de benignidad, es claro. Igual que en otros detalles ya observados, también *La Austríada* ofrece una caracterización de don Juan de Austria en la que se mezclan la energía y la piedad:

> «Aquello que mi oficio mas procura
> es la concordia del linaje humano,
> y que supersticion, fraude y malicia
> se rindan á la fe y á la justicia.
> Y así, pluguiese al Hacedor del cielo
> que esta profana gente rebelada
> apartase de sí el escuro velo
> que la tiene confusa y engañada,
> como yo de rodillas por el suelo
> al vicario de Roma la sagrada,
> y á mi señor y hermano pediria
> el perdon que en tal caso haber podria» [112].

Terminaré este comentario sobre el carácter de Cipión con una nota sobre el final de la obra. En los últimos momentos de la tragedia, Mario le dice al general, viendo que los vencedores no han conseguido capturar ni un solo rehén (aún no ha aparecido Bariato) para llevarlo a Roma como prueba de la victoria:

---

[111] *Colección de documentos inéditos para la historia de España,* volumen XXVIII, p. 156. *Apud* ASTRANA MARÍN: *Ob. cit.,* vol. II, p. 281.
[112] RUFO: *La Austríada,* p. 32.

«En balde, ylustre jeneral prudente,
an sido nuestras fuerças ocupadas.
En balde te as mostrado dilijente,
pues en umo y en biento son tornadas
las çiertas esperanças de vitoria,
de tu yndustria contino aseguradas» [113].

Cervantes constata la inutilidad del esfuerzo. Y vuelve a
parecer de nuevo la ambigüedad. Sería lógico cantar la victoria
romana. Y tal fue el resultado de la acción emprendida por el
ejército romano en el tiempo. La tragedia señala, sin embargo,
la derrota del esfuerzo de Cipión. ¿No es ésta otra manera cervantina de indicar el fracaso de la acción «española», aparentemente triunfante, contra los moriscos de las Alpujarras?

Dos notas complementarias al análisis del carácter de Cipión

Después de esta larga reflexión, la actitud pro-Cipión adoptada por Cervantes me parece evidente. De ahí la ambigüedad
tantas veces señalada. Habría que esperar que en otra presentación del problema de Numancia, presentación condicionada
por otros intereses e intenciones, desapareciese la citada ambigüedad del personaje. Llevado por esta sospecha he puesto en
paralelo con el drama cervantino otras tres obras literarias del
mismo tema: un romance y dos piezas teatrales de Rafael Alberti.

En la «trecena parte» del *Romancero general*, hay un poema (número 1069 en la edición de González Palencia [114]), que
trata del tema de la destrucción de Numancia. La finalidad de
la composición es cantar la gloria del pueblo numantino, claramente identificado con la patria del autor del romance, es
decir, con España, Simplificando tal vez en exceso, habría que
ver en el poema una disociación palpable entre Cipión y sus
romanos (los enemigos de la patria del autor del romance) y
los numantinos (prefiguración de la nación española). Es un

---

[113] CERVANTES: *Comedias y entremeses,* Edic. Schevill-Bonilla, volumen V, p. 195.
[114] *Romancero general,* Edic. González Palencia, vol. II, pp. 174-5.

canto patriótico sin reticencias, sin zonas oscuras o actitudes ambiguas. El autor ha tomado partido abiertamente. Los romanos son los enemigos y, en consecuencia, su general nos es presentado con rasgos desprestigiadores. Señalaré algunos pasajes:

«Con nuevo exército pone
en nuevo estrecho a Numancia
el *indignado* Scipión
corrido de que cercada
catorce años estuviese
quedando con cerviz alta,
… … … … … … … … … …
… … … … … … … … … …

Turbado, no se resuelve
ni se determina en nada,
la *compasión* le compele
a apresurar la *venganza;*
mas *el temor del contrario*
el paso de su intento ataja *[sic]*
… … … … … … … … … …
… … … … … … … … … …

De cuyos odiosos nombres [los nombres numantinos]
como del fuego *temblaban,* [los romanos]
las puertas de su ciudad
teniendo abiertas y francas [los numantinos]
… … … … … … … … … …»[115].

La gran admiración que el general romano despierta en la tragedia cervantina ha desaparecido en el romance. Scipión indignado, corrido, turbado, dado a la venganza, temeroso del enemigo e inclinado a temblar, junto con los romanos, ante los odiosos nombres numantinos. Las motivaciones íntimas de Cervantes y del autor del romance no pueden ser idénticas.

Rafael Alberti hace dos versiones de *La destruyción de Numancia* cervantina, intentando adaptar su contenido y su estructura a la situación vivida por Madrid durante su asedio por las tropas del general Franco. La primera versión se representó el 28 de diciembre de 1937 en el madrileño teatro de la Zarzuela y fue publicada en ese mismo año por la editorial Sig-

---

[115] Id. El subrayado es mío.

no [116]. Me referiré a ella identificándola como «B». La segunda *Numancia* albertiana fue presentada al público en el Estudio Auditorium del S.O.D.R.E., de Montevideo, el 6 de agosto de 1943. Fue editada en Buenos Aires por la editorial Losada en 1943 [117]. En mis notas será la versión «C», dejando la letra «A» para hacer alusión a la tragedia cervantina sobre el tema del fin de Numancia.

Rafael Alberti establece un claro paralelo entre Escipión y Franco, entre Numancia y Madrid-España-republicana, entre el ejército romano y las tropas franquistas ayudadas por las fuerzas italianas de Benito Mussolini. En consecuencia, Alberti no tiene ningún interés en glorificar al general Escipión. Todo lo contrario. No quiere salvar en modo alguno la figura del jefe enemigo. Por eso introduce elementos descriptivos para hacer más explícita, más plástica, la licencia que hay en el campamento romano. En la obra de Cervantes no era necesario, porque la intención del autor era, entre otras, glorificar a «su Cipión». Alberti no pone de relieve la necesidad de limpiar el ejército romano. Prefiere insistir en la pintura del gran burdel en que vivían las tropas sitiadoras. Por eso recurre a introducir, en la versión B, las figuras de Macus y Buco. El primero finge, grotescamente disfrazado de mujer, estar embarazado(a). Y va a echar al mundo un auténtico monstruo que se esconderá, de manera muy simbólica, detrás del ejército romano. Alberti insiste continuamente en el aire prostibulario del campamento enemigo de Numancia. Toda su actitud está condicionada por la presencia de las tropas franquistas en los alrededores de Madrid mientras se representaba la versión B. Cervantes no tiene las mismas preocupaciones. Su deseo, en este punto, es glorificar a Cipión. De ahí la distinta manera de presentar la corrupción militar. Cervantes parece hablar, entre líneas, de su visión del ejército español y del dolor que le produce la consideración del estado en que éste se halla. Alberti prefiere destruir al ejército enemigo, con el que no puede sentirse en modo alguno identificado.

---

[116] *Numancia, tragedia en tres jornadas. Adaptación y versión actualizada de Rafael Alberti.* Madrid, Signo, 1937.

[117] *Numancia, tragedia. Versión modernizada de Rafael Alberti. Maquetas y figurines de Santiago Ontañón.* Buenos Aires, Losada, 1943.

Cuando pasaron los años y Alberti volvió a escribir otra versión de *La destruyción de Numancia,* la que llamamos C, nos dio una visión menos visceral, menos agresiva contra el ejército enemigo, aunque insiste en las mismas características de las tropas romanas.

En B, Alberti carga las tintas de su emotividad al indicar, por medio de las acotaciones escénicas, el traje que ha de llevar Escipión: «(De negro, mussoliniano, llevando en el casco una calavera, el haz de flechas y el hacha dibujados en el pecho)» [118]. Alberti vio en el Cipión cervantino un reflejo amoroso de la intención del autor, que él mismo, comprometido en la visión de Numancia de otra manera, no podía compartir por razones evidentes. En general, el Escipión de Alberti es mucho más duro y deshumanizado que el Cipión de Cervantes. Veamos algunos detalles de las variantes introducidas por aquél:

En A, dice Cipión:

> «porque una breue plática de arenga
> les quiero haçer...» [119].

En B, se expresa así el caudillo romano:

> «porque una breve cuanto dura arenga
> les quiero hacer...» [120].

El Cipión cervantino habla de los «rrebeldes barbaros yspanos» [121], expresión de intencionalidad dudosa respecto al valor elogioso/despectivo del término «rrebeldes», y que expresa la ambigüedad del punto de vista adoptado por nuestro autor. Alberti rechaza de plano toda posibilidad de interpretación polivalente y suprime el pasaje. Para el creador de *Marinero en tierra,* la palabra «rebelde» se aplica al ejército del general Franco. La misma observación podría hacerse ante la supresión de la palabra «barbaros», usada en A y suprimida en B.

---

[118] *Numancia... Adaptación de Alberti,* 1937, p. 25.
[119] CERVANTES: *Comedias y entremeses,* Edic. Schevill-Bonilla, volumen V, p. 105.
[120] *Numancia... Adaptación de Alberti,* 1937, p. 27.
[121] CERVANTES: *Comedias y entremeses,* Edic. Schevill-Bonilla, volumen V, p. 110.

Alberti tenía que eliminar el adjetivo al referirse, de manera emotiva, a los de su propio bando.

En páginas anteriores he señalado el momento en que van a llegar ante Escipión los dos embajadores numantinos. El general romano da una lección de flexibilidad política publicando la necesidad y la utilidad de hablar con el enemigo. Cervantes predica el uso del diálogo, incluso en momento de tensión bélica. Es parte de su gran preocupación vital. Alberti rechaza la intencionalidad de Cervantes y suprime, en B y C, el párrafo siguiente, puesto en boca de Cipión por el autor de A:

> «jamas la falsedad bino cubierta
> tanto con la berdad, que no mostrase
> algun pequeño yndiçio, alguna puerta
> por donde su maldad se entestiguase.
> Oyr al enemigo es cosa çierta
> que siempre aprobechó mas que dañase,
> y, en las cosas de guerra, [la] esperiençia
> muestra que lo [que] digo es çierta çiençia» [122].

Otros rasgos escipionianos, señalados por Cervantes y modificados por Alberti, se pueden observar en la manera con que los numantinos se dirigen al general. Los embajadores de Numancia le hablan a Escipión así:

«Si nos das, gran señor, grata liçençia» [123]	A
«Señor, si nos concedes la licencia» [124]	B
«Si nos das, buen señor, grata licencia» [125]	C

Las tres variantes hablan de la duda emocional de Alberti ante la necesidad de hacer decir a los sitiados unas palabras respetuosas, «gran señor», al jefe del ejército que asedia.

En otro momento de la misma escena, hay una significativa variante entre A y C, por una parte, y B, por otra. Es decir, la versión B, escrita en plena acción bélica, elimina cualquier rasgo que pudiera suponer una aceptación del valor del ge-

---

[122] Id., p. 113.
[123] Id.
[124] *Numancia... Adaptación de Alberti*, 1937, p. 32.
[125] *Numancia... Versión de Alberti*, 1943, p. 43.

rido a hacer ver de una manera plástica la concretiza-
sujeto soberbio —España— que Cipión tendrá que
Todos los personajes están, pues, situados alrededor
je generalizador querido por Cervantes. De ahí el que
autor sienta menos preocupación por la identificación
cciones dramáticas y de las acciones históricas. Cervan-
conclusión, no pretendió hacer una reconstrucción del
Numancia, sino una ocultación de problemas coetáneos
morisco y, en general, el asedio de los marginados es-
por la nación española agresiva y cruel) tras los ampu-
desgarrados ropajes de Escipión y los numantinos. Tal
acción que va produciendo la obra en el espectador
las preocupaciones cervantinas. Así, por ejemplo, al
la jornada segunda y pareciendo insistir en la duda
uedad del primer acto, habla Teógenes, jefe numan-
iensa que los tristes signos y contrarios hados se ʰ ᵃ
ntra su ciudad. Y añade:

> «No solo a bençernos se despiertan
> los que auemos bençido beçes tantas;
> que tanbien españoles se conçiertan
> con ellos a çegar nuestras gargantas.
> Tan gran maldad los çielos no consientan;
> con rrayos yeran las lijeras plantas
> que se muestren en daño del amigo,
> fauoreçiendo al perfido enemigo» [131].

e cita en la obra el caso de otros pueblos hispanos uni-
Roma contra los numantinos. Ni creo que el tema
gico le preocupara a Cervantes. Aquí se debe hacer
e interpretación al identificar a esos españoles que
l enemigo. La arqueológica y la que une a romanos
es en un mismo grupo agresivo contra la minoría nu-
(morisca o, simplemente, marginada).
os en primer lugar el conjunto de personajes formado
ndro, Lira y Leonicio. Los tres se agrupan según dos
coordenadas. El amor hombre-mujer existente en la
de Marandro y Lira, por una parte. En segundo lugar,

p. 126.

neral enemigo. Habla el Numantino 1.º, en A, dirigiéndose a
Cipión:

> «Pues con ese seguro que tenemos,
> de tu rreal grandeça concedido,
> dare prinçipio a lo que soy benido» [126].

Y el Embajador 1.º, en B:

> «Pues con ese seguro concedido
> daré principio a lo que soy venido» [127].

Y en C, Corabino repite exactamente las mismas palabras en-
contradas en A. Se restablece «real grandeza», aplicada al general enemigo.

En otro pasaje de la misma escena, el embajador numantino de A le dice a Cipión:

> «ynclito general, a ti me enbia
> … … … … … … … …» [128].

B suprime los términos «ínclito general» y C los restituye.

Si la ambigüedad cervantina ha desaparecido en Alberti, es
porque la finalidad de las dos obras es distinta. Alberti quiere
simplemente alabar a la Numancia heroica (Madrid cercado) y
destruir la imagen del Escipión sitiador (claramente identificado con el general Franco). Parecería que ésta tendría que ser
la finalidad de Cervantes, salvando las evidentes distancias. Y
vemos que no. Que detrás del canto a Numancia hay algo más.
Que la anécdota oculta, en parte, una intención muy diferente
de la que Alberti, siglos más tarde, adoptaría después de una
lectura forzosamente apasionada.

---

[126] CERVANTES: *Comedias y entremeses,* Edic. Schevill-Bonilla, volumen V, p. 113.
[127] *Numancia... Adaptación de Alberti,* 1937, p. 32.
[128] CERVANTES: *Comedias y entremeses,* Edic. Schevill-Bonilla, volumen V, p. 113.

El carácter genérico de los personajes en «La destruyción de Numancia»

Si exceptuamos el caso de Cipión, en que hemos intentado descubrir ciertos rasgos inspirados por la figura histórica de don Juan de Austria, todos los demás personajes de la obra tienen un carácter genérico evidente. Vamos a aplicarnos ahora a estudiarlos desde distintas perspectivas.

En *La tragedia en el Renacimiento español* describía yo «tres planos en los que Cervantes coloca sus personajes debidamente ordenados en una sabia, precisa y significativa estructura. Los tres planos son el general, el individual y el moral o alegórico. El autor procede casi siempre de la misma manera: un designio común, una decisión ciudadana —el plano general—, se manifiesta por medio de figuras genéricas (Numantino, Mujer, etc...) y Cervantes sitúa inmediatamente la dimensión personal —el plano individual— a través de los personajes identificados como caracteres singularizados (Marandro, Lira, Teógenes, etc...), para dar un tono más humano al contenido de la obra. El tercer plano, el moral o alegórico, viene a descubrir, a abrir ante el espectador, motivaciones subconscientes del conflicto padecido por el pueblo numantino. Los tres planos se superponen y se completan en una perfecta armonía. La consideración aislada de cualquiera de ellos lleva irremediablemente a una errónea e injusta interpretación de la tragedia cervantina» [129].

Con el presente trabajo he querido profundizar un poco más en mis afirmaciones anteriores siguiendo, sin embargo, la misma línea de pensamiento. Algunos de los personajes de la tragedia (Marandro, las figuras morales, etc...) han recibido las iras de ciertos críticos, para quienes tales elementos dramáticos no eran sino simples lunares de la obra. Prefiero considerarlos, más bien, como una nota significativa del designio cervantino y como partes orgánicas de un todo armonioso.

Los personajes citados al frente de *La destruyción de Nu-*

[129] HERMENEGILDO: *La tragedia en el Renacimiento español*, páginas 375-6.

---

mancia suman un total de sesenta
los que son citados en grupo (do
res, etc...) y que llegan a ser vein
tes se dividen en tres categorías. E
con nombre propio. Se añaden a
ficados con nombre individualizad
tarse los nueve personajes con nom

El equilibrio entre los dos pr
minados y quince innominados, e
del primer total la serie de siete
sólo nueve numantinos con nomb
Teógenes, Caravino, Leonicio, Mil
riato. En la obra resalta más que n
colectiva, de empresa común. E i
gularizados pertenecen a la catego
sí de manera más plena en el to
vantes ha considerado el conjunto
pocas singularizaciones existentes
pectos comunes de la sociedad d
Teógenes; hombre y mujer frente
Leonicio: la amistad entre los n
Marquino: lo religioso; Bariato:
romano). Cervantes ha querido ser
najes son, de algún modo, simból

En la última frase que Cipión p
mero, antes de salir España a esce
de la siguiente manera:

«que si en mi fauor quie
el çielo, quedará sujeta
al Senado rromano, sola
con bençer la soueruia d

Inmediatamente después de la
diendo a la finalidad de su esfuerz
numantina, proyecto bien amplio y
la puesta en escena de la alegoría

[130] CERVANTES: *Comedias y entreme*
men V, p. 118.

---

ha recu
ción d
vencer.
de ese
nuestro
de las
tes, en
cerco d
(el cer
pañoles
losos y
es la r
atento
empeza
y ambi
tino, y
unido

No
dos co
arqueo
una d
ayudan
y españ
mantin
Vea
por Ma
tipos d
relación

[131] Id

la estrecha relación entre dos amigos inseparables manifestada en la presencia de Marandro y Leonicio [132]. Los tres nombres son simbólicos. Marandro, con resonancias griegas, se identifica con el *Hombre* de Numancia. El nombre Lira hace pensar en el instrumento, en la música, en la dulzura femenina. El mismo Marandro hace alusión al contenido semántico del nombre de la mujer:

> « ¡O dulçe Lira, que suenas
> contino en mi fantasia
> con tan suaue agonia,
> que buelue en gloria mis penas!» [133].

Leonicio, con su configuración fonética, hace pensar en la fuerza y el coraje del león y es nombre que simboliza muy bien la bravura y la generosidad sin límites del pecho numantino. Leonicio morirá luchando contra los romanos al lado de Marandro para conseguir el pan que necesita la amada de este

---

[132] Joaquín Casalduero señala brevemente en su *Sentido y forma del teatro de Cervantes* (p. 265) que «el aprendizaje para la función de esta pareja quizá lo hiciera Cervantes en la *Eneida,* lib. 9». Se refiere, evidentemente, a la pareja formada por Marandro y Leonicio. En la *Eneida* aparecen, en efecto, dos personajes, Niso y Eurialo, que han podido inspirar la creación cervantina. Virgilio habla de los dos amigos en los libros V y IX. La primera presencia de Niso y Eurialo tiene lugar en una carrera convocada y presidida por Eneas. El vencedor, ayudado por Niso —«munere uictor amici»—, es Eurialo. Pero mayor interés tiene la acción del libro IX. Los rútulos han cercado la ciudad ocupada por los hijos de Troya. Niso y Eurialo proponen hacer una salida para ir a prevenir a Eneas. Escapan los dos amigos. Arremeten contra los sitiadores, borrachos v dormidos, causando entre ellos una gran mortandad. En la pelea, Eurialo cae sin vida y Niso vendrá a morir, atravesado por las armas rútulas, sobre el cadáver de su amigo. El paralelo con el episodio cervantino es grande. Pero hay una variante notable. Niso y Eurialo son más que amigos. Son amantes. El amor homosexual de la pareja virgiliana no pasa a Cervantes. En *La destruyción de Numancia,* Marandro y Leonicio son la expresión profunda de la amistad. El aspecto amoroso de las relaciones entre Niso y Eurialo, fue canalizado, tal vez, por Cervantes a través de los lazos existentes entre Marandro y Lira. De este modo, los dos héroes virgilianos se habrían transformado en los tres numantinos de Cervantes, Marandro, Leonicio y Lira.

[133] Cervantes: *Comedias y entremeses,* Edic. Schevill-Bonilla, volumen V, p. 163.

último, Lira. El mismo Marandro lo señala cuando dice, refiriéndose al amigo, ya muerto:

> «¿Que es posible que ya dan
> tus carnes despedaçadas
> señales aberiguadas
> de lo que cuesta este pan,
> ... ...?» [134].

Es decir, el gesto que ha provocado la muerte de Leonicio es el
ejemplo, el símbolo de lo que cuesta el pan del intento de re-
dimir a Numancia, el pan de vida convertido en pan de
muerte.

Incluso, pues, estos tres personajes, identificados con nombres propios, quedan dentro del marco generalizador en que
Cervantes sitúa la obra. De ahí que el amor entre Marandro y
Lira, tan ferozmente criticado, no sea más que la expresión
dramática de la dimensión humana con que se manifiesta el
pueblo numantino. Cipión es la única excepción. Y ya he intentado darle la explicación adecuada.

En el acto segundo, Cervantes ha procedido por el sistema
de yuxtaposición de escenas de fuerte contenido emocional.
Todas ellas van perfilando, cada una desde un ángulo distinto,
la tragedia global de un pueblo enfrentado con otro mucho
más poderoso que él. A la escena de Teógenes, Caravino y los
cuatro numantinos, que deciden cómo actuar en la situación en
que viven, sucede otro cuadro distinto en que Marandro y Leonicio hablan de los problemas amorosos del primero. En la
escena anterior se trataba de morir con honra. Aquí se presenta el problema del hombre a quien la guerra ha destrozado su
vida personal, no algo abstracto y lejano, sino el amor a la
mujer elegida. Todo ello encarnado en Marandro y Lira.

A veces se ha censurado duramente esta escena en que Marandro confiesa su amoroso pensamiento. Pero el razonar de
Marandro es absolutamente irrebatible. Hace muchos años que
vive enamorado de Lira. Cuando estaba a punto de casarse,
llegó la guerra «por quien mi gloria çesó» [135]. La boda se dilata

---

[134] Id., p. 176.
[135] Id., p. 133.

hasta el final del conflicto armado. Y así se manifiesta la desesperanza de Marandro:

> «Mira quan poca esperança
> puedo tener de mi gloria,
> pues está nuestra bitoria
> toda en la enemiga lança» [136].

Marandro no es un enamorado que podría calificarse de blando en medio de la atrocidad de la guerra. Si Cervantes hubiera presentado una escena amorosa entre Lira y Marandro, tal vez podría habérsele reprochado una cierta inverosimilitud. Tal no es el caso. Se trata de una conversación entre Marandro y Leonicio, a través de la que asistimos al conflicto íntimo de un hombre de la calle, de un numantino, cuya vida ha sido destrozada por la guerra. Cervantes sigue hablando en términos de generalización, siempre alejado de cualquier preocupación arqueológica. Veamos la reacción de Marandro, hombre sufriente, ante la crítica que Leonicio hace de su «amoroso pensamiento»:

> «En yra mi pecho se arde
> por ber que hablas sin cordura.
> ¿Hiço el amor, por bentura,
> a ningun pecho couarde?
> ¿Dejé yo la çentinela
> por yr donde está mi dama,
> o estoy durmiendo en la cama
> quando mi capitan bela?
> ¿Asme bisto tu faltar
> de lo que deuo a mi offiçio,
> para algun rregalo o biçio,
> ni menos por bien amar?
> Y si nada no as allado
> de que deuo dar disculpa,
> ¿porque me das tanta culpa
> de que sea enamorado?» [137].

Marandro, el hombre, el numantino, no responde sólo para defender su derecho a estar enamorado. Protesta contra la in-

---

[136] Id., p. 134.
[137] Id., p. 133.

justa afirmación de Leonicio y expone su actividad total de individuo comprometido en la guerra. Marandro, enamorado, resulta un ciudadano irreprochable. Y esta escena, situada entre la resolución de Teógenes, Caravino y los cuatro numantinos y la salida de los sacerdotes a escena, da a la obra un sello profundamente humano.

Leonicio, Marandro y Lira representan, tal vez mejor que los otros personajes, al español ideal con que Cervantes soñaba. Detrás de ellos se ocultan tendencias y preocupaciones cervantinas bien conocidas. De ahí su carácter cálidamente vivo y su inserción *con todo derecho* en el contexto bélico de la obra. En el acto segundo, por ejemplo, después del conjuro de los dos sacerdotes, quedan en escena Marandro y Leonicio hablando de su desventura. Leonicio se dirige a su amigo en términos muy dignos de ser observados cuidadosamente:

> «Marandro, al que es buen soldado,
> agueros no le dan pena,
> que pone la suerte buena
> en el ánimo esforçado,
> y esas banas apariençias
> nunca le turban el tino:
> *su braço es su estrella o sino;*
> su balor, sus ynfluençias.
> Pero si quieres creer
> en este *notorio engaño,*
> aun quedan, si no me engaño,
> esperiençias mas que haçer,
> … … … … … … … …» [138].

Se trata de un texto en el que encontramos claramente manifiesta la desconfianza cervantina de los hados, de la inercia de la historia, del peso del pasado en el presente. Una vez más pregona aquello de que el hombre es hijo de sus obras y del valor de las mismas, señalando, para terminar, el carácter de «notorio engaño» que tienen los conjuros de los sacerdotes para predecir el futuro. Un nuevo rasgo de la preocupación cervantina por afirmarse dentro de sus obras.

Cervantes, llevado por su fantasía y por su experiencia

---

[138] Id., p. 141. El subrayado es mío.

vital, dejó en don Quijote algunos de los rasgos capitales de su sentimiento. Lo quijotesco es nota plenamente cervantina. Baste recordar su triste vivencia del cautiverio argelino. Y nuestros tres personajes, Marandro, Leonicio y Lira, viven su aventura dramática motivados sobre todo por esa virtud del desprendimiento. Marandro, en el acto tercero, quiere salir de Numancia en busca de pan. Lira no lo consiente y prefiere morir de hambre con tal de que Marandro esté a salvo y pueda ayudar a defender la ciudad, mejor que ella, pobre y «triste donçella» de «flaca pujança». El desprendimiento de uno y otro es digno de señalarse. Dice Lira:

> «por testigo pongo al çielo
> que de tu daño rreçelo,
> y no del prouecho mio» [139].

También Leonicio responde a la misma llamada de Cervantes al desprendimiento. Quiere salir con Marandro para ayudarle desinteresadamente a buscar pan para Lira:

> «Yo quiero, buen amigo, aconpañarte,
> y en ynpresa tan justa y tan forçosa
> con mis pequeñas fuerças ayudarte» [140].

Y Marandro contesta:

> «¡O amistad de mi alma benturosa!
> ¡O amistad no en trabajos diuidida,
> ni en la ocasion mas próspera y dichosa!» [141].

La amistad pura y sin interés es lo que debe gobernar las relaciones humanas. Esta es una de las vertientes de los personajes con nombre. Es decir, que, a pesar de ser caracteres nominados, responden, en cierto modo, al rasgo generalizador propio, incluso, de las figuras morales.

Teógenes, el caudillo numantino, es otra de las figuras identificadas individualmente. Será quien tome la decisión, en escena, de acabar con todas las riquezas y con la vida de

---

[139] Id., p. 166.
[140] Id., p. 167.
[141] Id., pp. 167-8.

todos los numantinos. Pero incluso con su propia identificación nominal, queda, sin embargo, confundido entre la agitación y las convulsiones profundas de un pueblo que muere. Teógenes es, más que un individuo plenamente caracterizado, la cabeza actuante del cuerpo social numantino. Cervantes no ha retrasado la tensión dramática con la definición del carácter de Teógenes. Su única preocupación profunda es la de la fama, la de la honra. Cuando se dirige a las mujeres en el tercer acto, les dice Teógenes:

> «y si todos benis en lo que digo,
> mill siglos durará nuestra memoria,
> y es que no quede cosa aqui en Numançia
> de do el contrario pueda haçer ganançia» [142].

Les ordena hacer una hoguera y echar en ella todas las riquezas. Y añade:

> «y esto podreis tener a dulçe juego,
> quando os declare la yntençion honrrosa
> que se a de efetuar despues que sea
> abrasada qualquier rrica presea» [143].

La insistencia en la preocupación por la honra es una constante del carácter de Teógenes. Es el único personaje que manifiesta este interés por el tema que agobiaba la vida colectiva de los españoles. Después de pasar por escena la figura del Hambre en el acto cuarto, sale Teógenes a ser el vivo ejemplo —característica común a todos los personajes de *La destruyción de Numancia*— de lo que dicha Hambre ha anunciado. Es curioso que Cervantes ponga en boca de Teógenes la palabra «honrroso» al hablar de la aniquilación de la familia:

> «Quando el paterno amor no me detiene
> de executar la furia de mi yntento,
> considerad, mis hijos, qual me tiene
> el çelo de mi honrroso pensamiento» [144].

---

[142] Id., p. 162.
[143] Id.
[144] Id., p. 187.

Es cierto que Teógenes quiere matar a su familia para evitar que caiga en manos romanas, pero conociendo la inquietud que el problema de la honra producía a tantos marginados como Cervantes, podemos preguntarnos si el autor no está hablando de esa tragedia que obligaba a los españoles impuros a renegar incluso de su familia, a destruir los lazos familiares, con tal de salvar su honra. En todo caso, es lícito apuntar la coincidencia de que el único padre de familia de *La destruyción de Numancia* salga a escena condicionado por el problema de la honra.

La misma sensación de extrañeza invade al espectador cuando vuelve Teógenes a escena después de haber sacrificado a los suyos. Sale con dos espadas desnudas y con las manos llenas de sangre. Y empieza así el discurso:

«Sangre de mis entrañas derramada,
pues soys aquella de los hijos mios;
mano, contra ti mesma açelerada,
llena de honrrosos y crueles brios;
... ...

[y dirigiéndose a los cielos, les pide]

alguna honrrosa, aunque çercana muerte» [145].

La unión de los dos adjetivos «honrrosos» y «crueles» aclara, en mi opinión, la duda expresada más arriba. Es imposible prescindir del tema de la honra al analizar la extraña muerte de Teógenes. El caudillo numantino pide que alguien luche con él y propone que el que sobreviva de los dos combatientes, eche al fuego el cuerpo del vencido. Un numantino innominado decide ir a la plaza, cerca de la hoguera, a pelear con Teógenes,

«porque el que alli bençiere, pueda luego
entregar al bençido al duro fuego» [146].

En la muerte de Teógenes aparece un absurdo digno de mención. A Teógenes, el valiente caudillo, se le plantea el problema

---

[145] Id., p. 190.
[146] Id., p. 191.

de la realización de su muerte. No se suicida. Prefiere luchar
con otro, esperando morir en el combate para que el contrario
arroje su cuerpo a las llamas. Y me digo: si gana el combate
Teógenes, tendrá que pedir otro contrincante con objeto de ser
vencido alguna vez y acabar con su cuerpo en la hoguera. Cervantes complica el procedimiento de la muerte del caudillo.
Teógenes se podría suicidar, pero no lo hace. La situación
oculta una ridícula preocupación por la muerte.

Cuando recurre al artificioso medio de morir que hemos
señalado, el jefe hace una especie de gesto teatral digno de
atención. Teógenes no puede luchar contra otro numantino.
Hace falta poner en marcha un juego colectivo, el teatro dentro
del teatro:

> «Balientes numantinos, haçed quenta
> que yo soy algun perfido rromano» [147].

Los numantinos a quienes Teógenes se dirige también han
de actuar como lo que no son:

> «y esta terneça que teneis de amigos,
> bolued en rrauia y furia de enemigos» [148].

La teatralización del combate se precisa más cuando Teógenes invita a su contrincante a ir al lugar en que la lucha
podrá realizarse de forma más espectacular («bamos a la pla-
ça») [149].

Tan celosa puesta en escena de la ceremoniosa muerte de
Teógenes, proyectada por él mismo, tiene un extraño y poco
heroico desenlace. No sabemos en qué ha terminado el desafío
entre el caudillo y su oponente. La única noticia que llega al
espectador es la que da el romano Mario:

> «Teojenes, baliente numantino,
> de feneçer su bida deseoso,
> maldiçiendo su corto amargo sino,
> en medio se arrojaua de la llama,
> lleno de temerario desatino,

---

[147] Id., p. 190.
[148] Id., p. 191.
[149] Id.

y al arrojarse dijo: "Clara fama,
ocupa aqui tus lenguas y tus ojos
en esta haçaña, que a contar te llama"» [150].

Si la mayor gloria de un soldado heroico es morir luchando, Teógenes no ha logrado terminar su vida como tal. Al fin
ha tenido que arrojarse a las llamas. Y su intento habrá sido
vano.

La figura de Teógenes no tiene la altura que cabría esperar en el caudillo de Numancia. Comparado con Cipión, resulta un personaje de relativa envergadura. Y en todo caso, no
deja de ser sospechoso que en ningún momento ponga Cervantes frente a frente a Cipión y Teógenes. Cosa que debería
ser lógica en el choque abierto y sin segundas intenciones de
Roma y de Numancia.

Al examinar los hechos que presenta la tragedia, encontramos un aire excesivamente raro y complejo, unos recursos dramáticos demasiado complicados y extremados, tratándose, sobre
todo, de la única persona que en la obra habla varias veces
de sus preocupaciones por la honra. ¡Cómo no ver la sonrisa
irónica de Cervantes tras la contemplación de los esfuerzos (?)
que Teógenes necesita realizar para morir!

El último personaje identificado con nombre propio, de
quien haré un breve comentario es Bariato (o Viriato). Se
trata del muchacho numantino, último superviviente de la gran
destrucción de la ciudad, que sube a la torre desafiando las
súplicas y promesas romanas. No me parece necesario insistir
demasiado en el carácter simbólico del personaje. Su nombre
mismo hace pensar en el caudillo lusitano que se enfrentó con
los romanos. Bariato se siente depositario de las esencias numantinas. La destrucción de la ciudad se transforma en victoria
con su muerte. Es decir, donde hay triunfo hay derrota y
donde hay derrota hay triunfo. Los hechos vividos no son más
que simple apariencia de realidades más profundas. Todo el
sistema de la tragedia y su escala de valores se modifican en la
última escena con la muerte de este muchacho-símbolo. El mismo lo pregona ante la mirada impotente de los vencedores:

---

[150] Id., p. 196.

«Todo el furor de quantos ya son muertos
en este pueblo, en poluo rreduçido,
todo el huir los pactos y conçiertos,
ni el dar a sujeçion jamas oydo,
sus yras, sus rrancores descubiertos,
está en mi pecho solamente unido.
Yo eredé de Numançia todo el brio;
bed, si pensais bençerme, es desbario» [151].

Cipión acepta el significado simbólico de la muerte de Bariato,
al tiempo que anuncia su propia derrota:

«tu solo me as lleuado la ganançia
desta larga contienda, ylustre y rrara» [152].

Cipión y Bariato, Roma y Numancia, quedan ligados en la
última escena. La tragedia de la ciudad heroica va irremediablemente unida al paso de Roma sobre sus cenizas. Cervantes
ha señalado esta relación en dos momentos de la obra. En la
jornada primera, cuando los embajadores numantinos proponen las paces a Cipión, el general romano les contesta un definitivo « ¡Tarde de arrepentidos dais la muestra! » [153]. El ejército sitiador está en postura dominante e impone condiciones.
Al llegar el acto cuarto, cuando ya Cipión ha «conquistado» la
ciudad, se enfrenta con Bariato. El romano podría exigir, si es-
tuviera otra vez en la posición del vencedor. Le ofrece, sin
embargo, a Bariato, la piedad de su corazón. Y el muchacho
numantino, en un gesto perfectamente paralelo a la respuesta
cipioniana de la primera jornada, replica con otro « ¡Tarde,
cruel, ofreçes tu clemençia! » [154]. El círculo se ha cerrado fir-
memente. Bariato y Cipión han quedado unidos en la compleja
victoria/derrota de Roma y de Numancia.

Vemos, pues, cómo los personajes nominados viven al margen de toda caracterización individualizante. En el fondo, no
son más que rasgos complementarios del gran fresco en que se
perfila la figura de una Numancia muy cercana a Cervantes.

[151] Id., p. 199.
[152] Id., p. 201.
[153] Id., p. 115.
[154] Id., p. 198.

No la Numancia histórica. No estamos ante una reconstrucción arqueológica. Una Numancia marcada por la experiencia que Cervantes fue adquiriendo con la contemplación de la vida de los marginados españoles y, en concreto, con el recuerdo de la gran desdicha ocurrida en las Alpujarras.

Cuando Cervantes quiere presentar en escena un designio común, una opinión o decisión ciudadana, recurre a la intervención de personajes innominados (numantinos, mujeres, etcétera...). Este tipo de figuras dramáticas, sin quitar el tono generalizador que hemos señalado en los personajes con nombre, añade una dimensión más general, más universal y teórica, al hecho dramatizado. El paso inmediato será la creación de las figuras morales o alegóricas de que hablaré más tarde.

Dos ejemplos me servirán para iluminar este aspecto de los personajes cervantinos. Al principio del segundo acto hablan cuatro numantinos sobre la manera de salir de la difícil situación en que la colectividad se encuentra. Es un diálogo de búsqueda desesperada de la salvación. Han de huir de Numancia a través del foso o a través de la muerte. Uno señala que la manera más heroica de morir es lanzarse a pelear contra las filas romanas. Otro propone que se rete a los sitiadores a un combate singular. Un tercero sugiere que el agorero Marquino busque la estrella, planeta o signo que les amenaza:

> «o si puede hallar algun camino
> que nos pueda mostrar si del dudoso
> çerco cruel do estamos oprimidos
> saldremos bençedores o bençidos» [155].

En las intervenciones de estos cuatro numantinos ha presentado Cervantes un portentoso juego de duda y afirmación, de esperanza y desesperación, que resume muy bien las tensiones íntimas del pueblo asediado. Este es el valor fundamental de los personajes innominados: dar al espectador un resumen vivo, una muestra exacta, de algunas de las inquietudes que atenazan al conjunto de hombres cercados y, en consecuencia, añadiría Cervantes, a todos los grupos oprimidos. Por eso recurre, en el diálogo de los cuatro numantinos, a hacer mención breve

---

[155] Id., p. 129.

de uno de los temas que más apasionaban a la España de su época: la honra. Pero la honra de que hablan los sitiados no tiene en común con la honra castiza más que el nombre. Es más bien la honra-fama-póstuma, la honra del que está convencido profundamente de que sólo es hijo de sus obras. No la honra de pertenecer a un grupo social determinado y triunfante, sino la honra de haber dejado huella profunda en la historia con la acción personal, con el esfuerzo individual. Ese es, a mi entender, el sentido de las intervenciones siguientes:

«Numantino 1.°: Rremedio a las miserias es la muerte,
                 si se acreçientan ellas con la vida,
                 y suele tanto mas ser exçelente,
                 quanto se muere mas honrradamente.
Numantino 2.°:   ¿Con que mas honrra pueden apartarse
                 de nuestros cuerpos estas almas nuestras,
                 que en las rromanas haçes arrojarse
                 y en su daño mouer las fuerças diestras?» [156].

Hay un pequeño detalle que no quisiera dejar de lado y que puede ayudar a comprender, tal vez, las intenciones cervantinas. Son también estos habitantes de Numancia quienes descubren un punto más del secreto del autor. Están hablando, en el acto tercero, de todas las riquezas que los ciudadanos arrojan al fuego. Si tomamos en consideración la imagen de la aniquilación morisca en las Alpujarras, es posible que los versos siguientes tengan más sentido:

«Alli las perlas del rrosado [oriente],
y el oro en mill basijas fabricado,
y el diamante y rrubi mas exçelente,
y la estimada purpura y brocado,
... ...» [157].

El ambiguo significado del «oriente», que podría aplicarse a la calidad de las perlas y al origen oriental de las mismas, sugiere la figura colectiva del árabe, del morisco, perteneciente al orien-

[156] Id., p. 128.
[157] Id., p. 170.

te musulmán o identificable como miembro del mismo. El oro, el diamante, el rubí, las perlas, la púrpura y el brocado, son otros tantos signos de riqueza muy típicos del mundo oriental. La destrucción de la resistencia morisca en las Alpujarras supuso la desaparición de muchos tesoros «orientales» escondidos y acumulados por aquellos españoles marginados.

Las mujeres de Numancia tienen también un papel extremadamente poderoso en el desarrollo de la acción teatral. Son ellas quienes fuerzan a los hombres a quedarse dentro de los muros de la ciudad y a perecer con el resto de la población. Se convierten al mismo tiempo en la canalización dramática de uno de los temás más queridos para Cervantes. El de la libertad. Esta intervención de grupos humanos innominados presentando los grandes temas de la tragedia es el recurso empleado por Cervantes para introducir sus íntimas preocupaciones. En ese mismo acto tercero, una mujer les anima a los hijos para que les pidan la muerte a los padres. Y plantea el problema de la libertad perdida por un grupo humano nacido en libertad. Les habla en los términos siguientes:

> «Deçildes que os enjendraron
> libres, y libres naçistes,
> y que vuestras madres tristes
> tanbien libres os criaron.
> Deçildes que, pues la suerte
> nuestra ba tan decayda,
> que, como os dieron la vida,
> ansimismo os den la muerte» [158].

Los hijos innominados de las madres innominadas son los hombres de Numancia, *el hombre* cercado que ha perdido la libertad en que nació y que busca su propia liberación en la muerte. ¿Dónde se sitúa Cervantes al hacer esta auténtica generalización sobre la idea misma del ejercicio de la propia libertad? No creo que baste el aplicar la reflexión solamente a la tragedia de la ciudad de Numancia. Los gestos suicidas de quien nació libre tienen un sabor de algo vivido por el autor. Ante la presión social esclavizante, las soluciones cervantinas

---

[158] Id., p. 159.

no son muchas: el suicidio liberador a la numantina, la eva-
sión en la locura reveladora del licenciado Vidriera o la lucha
desigual y redentora de Alonso Quijano el Bueno. Cervantes
ha seguido en *La destruyción de Numancia* el camino heroico
de la liberación en la muerte. Por eso creo cada vez más en la
presencia subterránea del tema morisco como inspiración primera de la tragedia.

Dentro de los distintos grupos de personajes innominados
que aparecen en la obra, el de los sacerdotes es uno de los que
han recibido críticas más severas. En general puede decirse
que esta parte de la pieza ha sido considerada como un adita-
mento no suficientemente justificado por el conjunto dramático. Y se añade una segunda reflexión, más generalizada, contra
el hecho de que Cervantes dibujara la religiosidad numantina
con los mismos trazos de la romana. Es cierto que los habitantes de la ciudad heroica se sirven, en la obra, de los dioses romanos. Caravino, por ejemplo, insulta a los enemigos sitiadores y añade:

«que espero en el gran Jupiter de veros
sujetos a Numançia y a sus fueros» [159].

Los cuatro numantinos que, en el acto segundo, buscan una
solución al conflicto en que vive la colectividad, proponen hacer
un sacrificio al dios Júpiter. La mujer de Teógenes, convencida
de que tiene que morir, prefiere hacerlo en «el sagrado tem-
plo de Diana» [160]. Los sacerdotes invocan a Plutón, a la hija
de Ceres y a las tres Furias. Hay más ejemplos harto conocidos.
Todos han sido denunciados como un ilógico anacronismo,
como una inconsecuencia cervantina, como un defecto de la
obra. Siguiendo la misma línea de conducta utilizada en este
trabajo, he intentado buscar la segunda intención que Cervantes pudo tener al cometer tan «craso» error. Y he aquí el resultado.

En el acto segundo tiene lugar una larga escena de magia y
mundo de ultratumba que merece un análisis detallado. Dos
sacerdotes intentan adivinar el porvenir de Numancia y todos

---

[159] Id., p. 155.
[160] Id., p. 188.

sus gestos y pasos están cargados de una simbología no siempre clara. El principio de dicha escena se desarrolla así:

1. Manifestación de que en el camino se le han presentado al sacerdote «señales çiertas de dolores çiertos» [161].
2. Van a celebrar el oficio religioso «con la priesa que nos ynçitan los agueros tristes» [162].
3. Ponen vino, incienso y agua encima del altar.
4. Los numantinos tienen que alejarse del ara y arrepentirse del mal que han hecho.
5. Han de encender el fuego en un brasero y no en el suelo.
6. El sacerdote manda lavarse las manos.
7. Empiezan a manifestarse las señales contrarias.

Observando todos los pasos de la celebración ritual numantina, es posible identificar algunos de ellos como pertenecientes a la liturgia de la iglesia cristiana de Roma. Y de España. Así, por ejemplo, las etapas 3, 4, 5 y 6 corresponderían a ciertos gestos de los oficios religiosos, tales como la llegada al altar, las primeras oraciones penitenciales, la utilización del incensario, la ceremonia del lavado de las manos del celebrante. Quiero decir con esto que en todo el desarrollo de la acción litúrgica se notan reflejos claros de la misa católica que Cervantes pudo conocer. Los numantinos y su religiosidad se identifican así a los españoles del siglo XVI. Por otra parte, estos mismos numantinos invocan a los dioses de la religión romana: Júpiter, Plutón, Diana, la hija de Ceres, etc... ¿Quiere todo ello decir que numantinos, romanos y españoles tienen la misma religión? Los sitiadores eran, en opinión de Cervantes y desde la perspectiva de la fe y de la confesionalidad, iguales que los moriscos ya convertidos al cristianismo. Los españoles conversos eran, en la realidad, tan españoles como los otros, aunque vivieran cercados dentro de la sociedad. El error cometido por Cervantes haciendo que los numantinos tengan la misma religión —¡precisamente la misma religión!— que los sitiadores no puede ser una simple equivocación carente de significado.

---

[161] Id., p. 135.
[162] Id.

7

El tercer plano utilizado por Cervantes en la elaboración de sus personajes es el de las figuras morales o alegóricas. También ellas nos permiten examinar ciertos aspectos poco claros de la intencionalidad de nuestro escritor. Las reflexiones de orden más general sobre España y los españoles aparecen canalizadas a través de este tipo de caracteres. Se ha hecho una crítica muy negativa en torno a las figuras morales o alegóricas y no se ha buscado en ellas su verdadera razón de ser, que es la de amplificar, generalizar los casos más aislados representados, en un primer tiempo, por los personajes nominados y, en una segunda etapa, por los innominados. Así, por ejemplo, ocurre cuando, tras haber dramatizado la gran catástrofe de los numantinos a través de los casos de Marandro, Lira, etc..., en el acto cuarto, Cervantes da un paso adelante sacando a escena a la Guerra, la Enfermedad y el Hambre, con lo cual evita el tener que seguir tratando otras situaciones concretas. Así se manifiesta el sentido generalizador de la obra, viendo el tema del dolor no desde el ángulo del que sufre, sino a partir de las causas mismas del sufrimiento.

De estas figuras morales, hay una que destaca y que se convierte en el eje en torno al cual va a girar la tragedia. Al principio del acto segundo, cuatro numantinos discuten sobre las posibilidades que tienen de salir del mal paso en que se hallan. Una de las razones que impulsan al numantino tercero a estar de acuerdo con la salida suicida contra los romanos, es el hambre:

«Esta [in]sufrible hambre maçilenta,
que tanto nos persigue y nos rrodea,
haçe que en vuestro pareçer consienta,
puesto que temerario y duro sea.
Muriendo, escusar emos tanta afrenta;
y quien morir de hambre no desea,
arrojese conmigo al foso, y aga
camino su rremedio con la daga» [163].

Un poco más adelante, deciden todos poner en práctica la acción prevista. Y de nuevo insisten en señalar al hambre como principal motor de su acción:

[163] Id., p. 128.

«Numantino 2.º: Bamonos, y con presta dilijençia
hagamos quanto aqui propuesto abemos,
antes que la pestifera dolençia
de la hambre nos ponga en los estremos» [164].

La salida desesperada de Marandro y Leonicio está moti-
vada por el hambre de Lira. La escena final del acto tercero
es de gran patetismo. Presenta también el tema del hambre
encarnado ahora en las relaciones materno-filiales, ejemplifica-
das en una madre y dos hijos. Es quizás uno de los pasajes más
patéticos de la obra. Habla la madre:

«¿Que mamas, triste criatura?
¿No sientes que, a mi despecho,
sacas ya del flaco pecho,
por leche, la sangre pura?
Lleua la carne a pedaços
y procura de artarte,
que no pueden ya lleuarte
mis flacos, cansados braços» [165].

Hemos de esperar al acto cuarto para ver aparecer la figura
del Hambre. Y, siendo la concretización dramática del tema que
mueve toda la tragedia, es extraño constatar que en su intervención no dice que los numantinos mueren de hambre, como
sería de esperar. El Hambre, adoptando la actitud del observador atento, indica al espectador que los habitantes de Numancia se están matando unos a otros:

«Oyd la boz y lamentable estruendo
de bellas damas a quien, ya desechos
los tiernos miembros de çeniça y fuego,
no balen padre, amigo, amor ni rruego.
Qual suelen las obejas descuydadas,
siendo del fiero louo acometidas,
[andar aqui y alli descarriadas],
con temor de perder las simples bidas,
tal niños y mugeres desdichadas,
biendo ya las espadas omiçidas,

---

[164] Id., p. 131.
[165] Id., p. 172.

> [andan] de calle en calle, ¡o hado ynsano!,
> su çierta muerte dilatando en bano.
> Al pecho de la amada y nueua esposa
> traspasa del esposo el hierro agudo.
> Contra la madre, *¡nunca bista cosa!*,
> se muestra el hijo de piedad desnudo;
> y contra el hijo, el padre, con rrauiosa
> clemençia, leuantado el braço crudo,
> rrompe aquellas entrañas que a enjendrado,
> quedando satisfecho y lastimado» [166].

El Hambre no habla de muerte de hambre, sino del asesi-
nato de unos asediados por otros. Este largo párrafo —«¡nunca bista cosa!», dice Cervantes, quizá irónicamente— podría
ponerse en boca de algunos de los numerosos españoles cuya
familia se había destrozado internamente en una especie de locura colectiva. Las denuncias a la Inquisición destruían las
familias y obligaban a sus miembros a acusarse mutuamente
por salvarse del asedio social. Los cristianos nuevos fueron
perseguidos muchas veces por otros cristianos nuevos. Cervantes tenía una visión clara del problema cuando puso en boca
del Hambre unas reflexiones contradictorias con la esencia
misma del personaje. Era ésta una manera de indicar, entre
líneas, una de sus principales preocupaciones.

Las figuras alegóricas son el vehículo privilegiado por Cervantes para hacer llegar al espectador sus reflexiones más profundas. El personaje España, que aparece en el primer acto,
se manifiesta como «la sola y desdichada España» [167], tierra codiciada continuamente por las naciones extrañas. Pero, y aquí
entra la gran confesión cervantina, España merece, por su actitud, ser codiciada por los extranjeros, porque sus propios hijos están profundamente divididos:

> «Con justisimo titulo se enplea
> en mi el rrigor de tantas penas fieras,
> pues mis famosos hijos y balientes
> *andan entre si mismo[s] diferentes.*
> Jamas entre su pecho conçertaron

---

[166] Id., pp. 185-6. El subrayado es mío.
[167] Id., p. 118.

> *los diuididos animos* furiosos;
> antes entonçes [mas los] apartaron
> quando se bieron mas menesterosos;
> y ansi *con sus discordias* conuidaron
> los barbaros de pechos cudiçiosos
> a benir a entregarse en mis rriqueças,
> [usando] en mi y en ellos [mil] crueças» [168].

Cuando el personaje más significativo de toda la obra, España, habla de los españoles como de personas en perpetua división, es inútil no querer abrir los ojos y rechazar la dolorida denuncia de Cervantes. El mensaje queda claro para quien lo quiera ver.

La tragedia va llegando a su fin. Han muerto todos los numatinos. Cipión ha confesado su paradógica derrota. Y sale a escena la Fama para cerrar la obra cantando el hecho heroico de Numancia en los términos siguientes:

> «Yndiçio a dado esta no bista haçaña
> del balor que los siglos benideros
> tendran los hijos de la fuerte España,
> hijos de tales padres erederos» [169].

La «no bista haçaña», ¿qué quiere decir? ¿Es una historia inventada? Si los numantinos han llegado al canibalismo, sus hijos, los miembros de la fuerte España, ¿qué son? ¿Hasta dónde llega la ironía cervantina en esta intervención final de la Fama? Se abre una serie interminable de interrogaciones de difícil respuesta.

Llegados a este punto, es necesario preguntarse si el carácter solemnemente trágico y grandioso de *La destruyción de Numancia* hay que tomarlo al pie de la letra o si, por el contrario, es preciso adoptar una actitud menos tensa y admirativa al oír los párrafos «heroicos» de la obra. Sin querer llegar a dar una respuesta definitiva al problema planteado, baste recordar que Cervantes, en el prólogo a las *Ocho comedias,* no habla de tal tragedia, sino de «*La destruycion de Numancia* y *La batalla naual,* donde me atreui a reduzir las comedias a

---

[168] Id., p. 119. El subrayado es mío.
[169] Id., p. 202.

tres jornadas...»[170]. Dejando de lado el hecho de que *La destruyción de Numancia* no tiene tres jornadas, sino cuatro, la
verdad es que Cervantes da a la obra el nombre genérico de
comedia, y no de tragedia. Ha sido la crítica posterior quien
la ha llamado tragedia, tal vez por no haber prestado la atención suficiente al deseo expresado por su autor de ser juzgado
más por lo que no decía que por lo que decía. En ediciones
modernas se le han dado a la pieza los títulos de *Numancia, La
Numancia, Cerco de Numancia, El cerco de Numancia, Numance, Numantia, a tragedy, Numancia, tragedia*. En ningún
caso (excepto las ediciones de Schevill y Bonilla, Doménech y
una brasileña de 1957) se ha seguido la indicación cervantina
según la cual el espectador asiste a la aniquilación de Numancia, y no sólo al cerco.

No busquemos una armazón lógica al conjunto de ocultacio-
nes y declaraciones cervantinas. Hallaremos, todo lo más, una
sucesión de alusiones muchas veces contradictorias, casi siempre ambiguas, pero todas ellas nos mostrarán la actitud vital
de un espíritu burlón que, por medio de la ironía, nos pone
en camino de descubrir los repliegues más recónditos de un
alma atormentada por la identificación de su propio y particular cauce vital.

---

[170] Cervantes: *Comedias y entremeses*, Edic. Schevill-Bonilla, volumen I, p. 7.

II.
COMENTARIOS DE TEXTOS

1.—La justificación racional de la decisión militar

«No os parezca, barones, escabroso
ni duro este mi justo mandamiento,
que al fin conoçereis ser probechoso,
quando aquel consigais de vuestro yntento.
5 Bien se os a de haçer dificultoso
dar a vuestras costumbres nueuo asiento;
mas, si no las mudais, estara firme
la guerra que esta afrenta mas confirme.
En blandas camas, entre juego y bino,
10 allase mal el trauajoso Marte;
otro aparejo busca, otro camino;
otros braços leuantan su estandarte;
cada qual se fabrica su destino;
no tiene alli fortuna alguna parte;
15 la pereça fortuna baja cria;
la dilijençia, ynperio y monarquia.
Estoy con todo esto tan seguro
de que al fin mostrareis que sois rromanos,
que tengo en nada el defendido muro
20 destos rrebeldes barbaros yspanos;
y asi, os prometo por mi diestra y juro
que, si ygualais al animo las manos,
que las mias se alarguen en pagaros,
y mi lengua tanbien en alauaros» [171].

---

[171] Id., vol. V, pp. 110-11.

1. La serie de versos que proponemos pertenece al principio de la primera jornada de *La destruyción de Numancia.* Es parte de la sexta intervención de Cipión y está al final del largo discurso que el general romano dirige a su ejército.

Acaba de empezar la obra. Cipión llega ante los muros de la indómita Numancia decidido a acabar con la resistencia de sus habitantes. Su primera acción consistirá en limpiar y purificar el ejército, que ha vivido entregado a la pereza y a la vida desordenada. El discurso de Cipión es la sucesión de los elementos siguientes: 1) agresión verbal contra sus soldados, que no merecen el nombre de romanos; 2) los soldados, al no poder vencer a los numantinos durante dieciséis años, han sido derrotados por el vino y el amor desordenado; 3) orden de que abandonen el campamento romano todas las prostitutas y de que el soldado olvide la preocupación por los perfumes y la buena comida. Cipión termina esta parte del discurso con los dos versos siguientes:

> «No quiero otro primor ni otra fragancia
> en tanto que español biua en Numançia» [172].

A continuación empieza el texto que comentamos.

El pasaje no ofrece problemas de fijación textual particularmente significativos. La edición de Schevill y Bonilla, que se sigue en este estudio, hace mención de algunas variantes existentes en la versión del manuscrito de principios del siglo XVI y en la edición de Sancha, así como de un par de correcciones menores del texto del manuscrito: «la pereça fortuna baja cria», en vez de «la pereça fortuna baja y cria» (v. 15), y la forma «ynperio» por «ynperia» (v. 16). Una y otra restituyen el texto, muy probablemente, a su forma original. Tal vez la única diferencia entre las dos versiones esté en el verso 5. El manuscrito de la Biblioteca Nacional de Madrid da la lectura que reproducen Schevill y Bonilla y que se encuentra en nuestros versos. Sancha introduce una forma verbal «sé», que explicita algo mejor la frase, pero entorpece inútilmente su ritmo: «bien sé se os ha de hazer dificultoso».

---

[172] Id., p. 110.

2. El sentido de las palabras y de sus distintas agrupaciones queda suficientemente claro en el texto cervantino. Las únicas explicaciones que me parecen útiles son las siguientes:

— «escabroso» (v. 1) aparece aquí con el sentido segundo del Diccionario de la Real Academia: «áspero, duro, de mala condición». Covarrubias dice: «escabrosidad, vale aspereza, dureza, etc.».

— «aquel» (v. 4) se refiere al «fin» que conseguiréis con vuestro intento.

— «asiento» (v. 6) tiene el sentido 18 del Diccionario de la Real Academia: «estado y orden que deben tener las cosas».

— «firme» (v. 7) añade al sustantivo «guerra» la condición de «entera, constante, estable, fuerte, que no se mueve ni vacila» (Dicc. Real Acad.).

— «El trauajoso Marte» (v. 10) hace alusión al dios romano de la guerra, personificación aquí del espíritu que debe animar al soldado, espíritu «trabajoso», es decir, «que da, cuesta o causa mucho trabajo» (Dicc. Real Academia).

— «aparejo» (v. 11), según Covarrubias es «lo necessario para hazer alguna cosa».

— «prometo por mi diestra» (v. 21) vale por «os prometo y pongo por testigo este gesto que hago levantando mi mano derecha».

3. La serie de versos que hemos seleccionado presenta de manera gradual, y sabiamente dosificada, un aspecto del carácter de Cipión que para Cervantes era primordial: su sentido del equilibrio incluso en los momentos en que su condición de general le obligaba a tomar decisiones radicales, duras y difíciles de ser aceptadas por sus subordinados. He titulado este comentario «La justificación racional de la decisión militar», porque creo que es la base misma de la idea cervantina. El general tiene que forzar la acción de los soldados, pero, al hacerlo, no quiere herirles moralmente. Para ello prefiere racionalizar, justificar su decisión, apoyándola en una serie de consideraciones que difícilmente podrían encontrarse en boca de un ge-

neral «enemigo», por quien Cervantes no sintiera ni la menor
simpatía. Este es, pues, el tema latente en el texto seleccionado.
La imagen del general Cipión, del Escipión romano, se adorna
en la pluma cervantina con una guirnalda de humanidad, de
preocupación por la dimensión racional de sus relaciones con
los soldados, de adhesión a unos principios de flexibilidad en
la disciplina, que hacen de él un arquetipo, un ideal de generales. El ideal del Cervantes antiguo soldado en Lepanto a
las órdenes del gran don Juan de Austria.

4. Nuestro texto va incluido, desde el punto de vista formal, dentro de tres estrofas de las llamadas octavas reales. Se
trata de una sucesión de tres grupos de ocho versos endecasílabos, en los que las rimas completas o consonantes se enlazan
según el esquema tradicional abababcc. Las rimas cambian en
cada una de las estrofas (-óso, -énto, -írme, en la primera octava; -íno, -árte, -ía, en la segunda; -úro, -ános, -áros, en la
tercera).

Las tres octavas reales encuadran otros tantos momentos
precisos y bien determinados del discurso de Cipión. La forma
elegida por el autor corresponde plenamente, como era lógico
esperar, al tema transmitido.

En la primera estrofa, el general se dirige directamente a
los soldados. Hay dos partes en la octava que corresponden a
dos maneras diferentes de expresar la manera de pensar del
cónsul romano. Los cuatro primeros versos empiezan por un
«No os parezca, barones, escabroso ni duro». Cipión no niega
la dureza del gesto que pide. Lo que recomienda es que la
apreciación de dicha dureza se haga en función del provecho
final, en cuyo caso la escabrosidad de sus órdenes desaparece.
La segunda parte de la octava vuelve a insistir en el mismo
tema, pero considerado ahora de una manera diferente. El general afirma estar al corriente de la dureza de sus órdenes. No
oculta su pensamiento: os será difícil cambiar de costumbres.
Y, sin embargo, ése parece ser, según Cipión, el único modo
de acabar la guerra. Es decir, la dureza se justifica.

La segunda octava real supone una profunda alteración del
ritmo a que Cervantes somete el discurso de Cipión. A la
alusión directa a vosotros, «barones», de la primera octava,

suceden estos ocho versos en los que el cónsul romano hace una
reflexión general sobre la guerra y las obligaciones de quienes
viven sus avatares. La primera octava estaba dividida en dos
mitades, marcadas por una especie de pausa, frecuente en este
tipo de estrofas, que permitía la insistencia en el mismo asunto
de la primera mitad, pero visto, en la segunda, desde un ángulo ligeramente distinto. Una especie de variación dialéctica
sobre el tema de la dificultad inherente a la disciplina militar.
En esta segunda octava, por el contrario, no hay ninguna comunidad funcional entre los diversos elementos. Excepto los dos
primeros versos, que se reparten un solo sintagma, todos los
demás corresponden íntegramente a unidades sintácticas inde-
pendientes y yuxtapuestas, formando una especie de enumeración de afirmaciones generales hechas por Cipión para apoyar,
desde la perspectiva de lo universal, la justificación y la racio-
nalización de su gesto disciplinario.

Los últimos ocho versos del texto, incluidos en la tercera estrofa, suponen una vuelta a la relación directa con el auditorio
del general, con los soldados. Cipión abandona el tono teori-
zante de la segunda octava y se dirige de nuevo a las tropas.
Se trata de insistir en la necesidad de la disciplina. Pero ahora
Cervantes pone en boca de Cipión frases halagadoras del espíritu y de la valentía romana (primeros cuatro versos) y una
promesa de recompensa y de alabanza si los soldados cumplen
la orden dada (segundo grupo de cuatro versos).

La estructura formal, pues, parece evidente y significativa
de la intencionalidad del autor. Las tres etapas ocultan otras
tantas maneras de convencer a los soldados: 1.°) no es tan dura
la disciplina que os pido; 2.°) generalización sobre las exigen-
cias de la vida de campaña; 3.°) os halago y os prometo recompensa y alabanza, si vuestro esfuerzo da muestras de ser
lo que vosotros, soldados de Roma, sois.

5. Cervantes, en su *Numancia*, ha presentado una situación que siempre ha llamado la atención de la crítica. El carácter noble de Cipión ha forzado la imaginación de los estudiosos, que se han visto obligados a darle toda clase de explicaciones. Para Robert Marrast, en su edición de *La Numancia*,
España era un pueblo poderoso y, en consecuencia, el drama

es también una apología de la guerra. Los sitiados son, según Marrast, los primeros en reconocer el valor de los romanos y de su jefe. El mismo crítico, en su *Miguel de Cervantes,* señala «ce désir de glorification de la puissance guerrière et militaire. Les généraux de Rome ne sont pas des chefs de bande: ils connaissent la façon de mener le combat, de réprimer le laisser-aller de leurs troupes» [173]. Ruiz Ramón también pone de relieve el acierto cervantino no presentando al antagonista negativamente. «Al dotarlo de grandeza, hace más gloriosa la resistencia de los numantinos y mantiene así el alto nivel de la tragedia, cuya grandeza no permite la presencia de elementos mezquinos e innobles» [174]. Añadiré nada más una observación, paralela a las anteriores, de Ricardo Doménech. Para el editor de la *Numancia,* Cervantes «en el planteamiento de la tragedia, rehúye cualquier división de los campos de lucha bajo los signos de "buenos" y "malos". Lo que le interesa es mostrar la colisión de dos mundos, aunque tome partido por uno de ellos y lo presente como ejemplar» [175].

Unos críticos y otros insisten en esta tendencia contemporizadora con el enemigo que se perfila en *La destruyción de Numancia.* Ya he señalado, en las páginas precedentes, la distinción que es preciso hacer entre Cipión y los romanos. La obra pone de relieve el carácter magnánimo, humano y atractivo del general. Y rechaza de plano las supuestas virtudes de las tropas romanas. No insistiré más en lo ya expuesto. Me limitaré ahora a ver cómo modela Cervantes su personaje Cipión con los rasgos, para él característicos, de un general dotado de un gran sentido de lo humano y de lo racionalmente útil. Ese es el sentido de las frases que componen las tres octavas reales comentadas.

La primera estrofa empieza con una negativa que llama poderosamente la atención y que inicia esta última parte del discurso cipioniano. El general, en su deseo de convencer a los soldados, se dirige a ellos tratándoles con el respeto que conlle-

[173] MARRAST: *Miguel de Cervantes,* p. 25.
[174] RUIZ RAMÓN: *Historia del teatro español,* I, 1971, p. 129.
[175] CERVANTES: *La destrucción de Numancia,* Edic. Doménech, página 34.

va el imprecativo «barones». Cipión afirma la justicia de su propia orden, pero, como se trata de convencer a los demás, expone su «mandamiento» a la consideración de los soldados. De ahí la importancia temática de ese «no os parezca» que relativiza la fuerza del término «mandamiento». Cipión está empujando a sus tropas a aceptar, razonablemente, la dureza de la orden recibida.

En la segunda parte de esta primera octava real, formando un bloque significativo autónomo, coloca Cervantes en boca de Cipión otra manera dialéctica de asegurar a los soldados la legitimidad y racionalidad del gesto exigido. El general se pone de parte de la tropa, «bien se os a de haçer dificultoso», con lo que indica su comprensión de la resistencia de sus hombres a aceptar la disciplina. La concesión, repito, dialéctica del cónsul romano, del humano cónsul romano, viene inmediatamente compensada por la adversativa de los versos 7 y 8: «la guerra estará firme». Es decir, a pesar de que yo, Cipión, comprendo vuestras reticencias a cambiar de vida, proclamo la ineludible necesidad de recurrir a la disciplina para acabar la guerra.

Cervantes, antiguo soldado de Lepanto y fervoroso admirador de la flor de los generales, don Juan de Austria, pone en boca del Cipión romano algo que, tal vez, quiso recordar teniendo en la mente la figura del hijo natural de Carlos V, muerto unos años antes de la época en que debió de escribirse *La destruyción de Numancia*. Cervantes ha trazado con una meticulosidad extrema los diversos matices que van componiendo la muy atractiva figura de Cipión. Sigamos adelante.

La segunda octava supone un cambio radical de ritmo, de aspecto y de intención. En el primer grupo de versos, las formas verbales que acompañan al imprecativo «barones», son las correspondientes a la persona «vosotros», es decir, «conoçereis», «consigais», «mudais». Y las formas pronominales o adjetivas se refieren a la segunda persona del plural, es decir, a los soldados que escuchan la arenga de Cipión: «os», «vuestro», «vuestras». Frente al «vosotros» y sus distintas variantes, se opone la identificación del «yo» que habla, del general que intenta convencer: «mi justo mandamiento».

Entramos ahora en un uso generalizado de la tercera persona, uso que elimina la relación personal yo-vosotros de la primera estrofa y que objetiviza, con hechos desprovistos de todo tinte personal, la argumentación del general. Cervantes, en una verdadera cabriola dialéctica, suspende el ritmo estrófico de la primera octava al tiempo que corta la personalización y subjetivización («parezca», «conoçereis», «vuestro yntento», «vuestras costumbres», «las mudais» [vuestras costumbres], «mi justo mandamiento», etc...) del razonamiento emprendido. Y consagra una estrofa completa a acumular hechos irrebatibles y objetivos. Desaparece, en consecuencia, todo artificio sintáctico de subordinación, toda alusión al pasado o al futuro y toda condición. Se trata de una simple e intocable enumeración de hechos, de constataciones, de detalles relativos a la vida militar auténtica, bien lejanos de la contingencia temporal. Cervantes hace una presentación lineal de lo que el ejercicio de las armas ha exigido, exige y exigirá siempre. Usa para ello un presente intemporal («allase», «busca», «leuantan», «se fabrica», «no tiene», «cria») atribuido al dios Marte, deificación y simbolización de la guerra, de todas las guerras, al margen del *hic et nunc,* ajeno a todo interés por situaciones vividas. Se trata de una auténtica generalización.

Dos versos llaman la atención especialmente en esta octava real. Son aquellos en que se dice:

«cada qual se fabrica su destino;
no tiene alli fortuna alguna parte».

Una de las preocupaciones de toda la creación de Cervantes, condicionada por su situación en la zona minoritaria de la sociedad española, al margen de muchas de las estimaciones entonces en vigor, es la creada por el problema de la honra. Cervantes no se adhiere al criterio de la opinión común en materia de honra. De ahí el que sus personajes más significativos nos aparezcan en un proceso de creación a partir de nada. El hombre es hijo de sus obras. «Yo soy mis propios antepasados», podría haber gritado alguna de las figuras cervantinas. Con razón señala Américo Castro que «Don Quijote aparece haciéndose a sí mismo, sirviéndose de la imitación de unos libros, que usa y usará en la medida que convenga a sus designios.

Hasta tal punto es creación de sí mismo, que su demencia será también instrumental, entreverada. Pero el personaje —vida creada con conciencia de estar viviéndose— será firme y definitivo» [176].

No resulta tan extraño encontrar aquí al héroe admirado por Cervantes, a Cipión, exponiendo a sus soldados las virtudes de la vida militar disciplinada, oficio querido por nuestro autor, e indicando que el hombre es el artífice de su propio destino. La fortuna, lo recibido gratuitamente (la herencia, el linaje, la sangre, añadiría yo estirando el sentido del verso) no entran en el juego militar. Cada cual va echando las bases de su propio caminar y es responsable único de sus personales andaduras. «Cada qual se fabrica su destino», frase que podríamos haber encontrado en boca de don Quijote o de Mateo Alemán, es el grito decisivo de un marginado como Cervantes.

La tercera octava real vuelve a restablecer la relación yo/vosotros interrumpida durante la segunda estrofa. El paréntesis generalizador ha dado paso a la última parte del discurso cipioniano. De nuevo aparecen las formas pronominales y verbales en primera o segunda persona, «yo» y «vosotros»: «mostrareis», «sois», «tengo», «os», «prometo», «mi diestra», «ygualais», «las mias», «pagaros», «alauaros». La narración en tercera persona ha cedido el paso a la intervención interesada e interesante de Cipión.

Como en el caso de la primera octava, se divide ésta en dos partes, correspondientes a cada una de las dos mitades. El grupo inicial de cuatro versos es una halagadora concesión al valor y brío de los romanos. Cipión, dice a sus hombres, en un rasgo muy humano de buen catador de multitudes, de gran general, la seguridad profunda que tiene en su esfuerzo. Para pasar, en los cuatro últimos versos, a hacer la promesa firme de la recompensa. «Puesto que el ánimo no os falta, si hacéis el esfuerzo de aplicar ese ánimo a la acción, venceréis. Y yo os prometo pago y alabanza.»

Es curioso señalar una variante estilística que aparece en los dos últimos versos, con lo que el autor parece querer indicar que el pago y la alabanza vendrán de una tercera persona. El

---

[176] CASTRO: *Cervantes y los casticismos españoles,* p. 65.

compromiso emocional de Cipión da la impresión de quedar serenado a la hora de anunciar el premio, puesto que no será el general, sino sus manos y su lengua —en tercera persona— quienes se encarguen de dar la recompensa a los soldados.

6. El tema del texto está presente en las partes más significativas de él. Al oír las tres octavas reales, el espectador se ve arrastrado por los párrafos finales de una arenga militar marcada por la dureza de sus intenciones. Y descubre la gran habilidad que Cipión tiene para comunicar su mensaje a las tropas. Se manifiesta así como un soldado que llama la atención, que atrae al público, cuando normalmente hubiera debido colocarse en la situación del enemigo irreconciliable. El espectador —o el lector— se queda perplejo ante la atractiva y humana figura del general romano que, en su discurso, justifica, razona y explica los motivos que le empujan a aplicar normas de estricta disciplina a sus tropas. Es imposible pasar por alto la admiración cervantina a Cipión, admiración que muy posiblemente sea un trasunto de la que el autor tenía por «el hijo de aquel rayo de la guerra», por don Juan de Austria.

En el estudio que precede a estos comentarios de textos, he señalado algunos casos en que la presentación positiva y alabadora de Cipión hecha por Cervantes, no podía tener cabida en una versión de *La destruyción de Numancia* hecha con fines distintos. Alberti no era capaz de compartir con Cervantes la admiración a Escipión. Y, en consecuencia, suprime íntegramente las tres estrofas reales que acabamos de comentar, en las dos versiones de su Numancia, la de 1937 y la de 1943. Cuando un texto resulta ampliamente significativo del carácter humano y razonador del general auténticamente enemigo, Alberti lo suprime. Cervantes, al contrario, lo trató y lo elaboró con gran perspicacia y delicadeza. El mensaje quedaba así lanzado para quien quisiera buscar las verdaderas resonancias que en la obra tiene el general vencedor de Numancia.

2.—Desunión y sumisión de los españoles

«¿Sera posible que contino sea
esclaua de naçiones estranjeras,
y que un pequeño tiempo yo no bea
de libertad tendida[s] mis banderas?
5 Con justisimo titulo se enplea
en mi el rrigor de tantas penas fieras,
pues mis famosos hijos y balientes
andan entre si mismo[s] diferentes.
Jamas entre su pecho conçertaron
10 los diuididos animos furiosos;
antes entonçes [mas los] apartaron
quando se bieron mas menesterosos;
y ansi con sus discordias [conuidaron]
los barbaros [de pechos] cudiçiosos
15 a benir a entregarse en mis rriqueças,
[usando] en mi y en ellos [mil] crueças.
Numançia es la que agora sola a sido
quien la luçiente espada sacó fuera,
y a costa de su sangre a mantenido
20 la amada liuertad suya y primera.
Mas, ¡ay!, que beo el termino cumplido,
llegada ya la ora postrimera
do acauará su bida, y no su fama,
qual fenis rrenouandose en la llama» [177].

---

[177] CERVANTES: *Comedias y entremeses,* Edic. Schevill-Bonilla, volumen V, pp. 119-20.

1. El texto que vamos a considerar ahora forma parte de la jornada primera y es, más o menos, el centro del largo discurso de España que precede la entrada en escena del río Duero y el final de dicha jornada.

Ha pasado toda la acción del primer acto. Cipión se ha dirigido al ejército romano y le ha comunicado su decisión de purificarlo y de conquistar Numancia. Han aparecido en escena dos embajadores numantinos encargados de pactar con Cipión. El general rechaza la oferta de amistad hecha por la ciudad cercada y ordena a sus tropas que preparen el asedio definitivo de Numancia. Cuando todo está listo para empezar a contemplar la «pasión numantina», entra el personaje España quejándose de estar sola y de ser desdichada. A este momento capital del primer acto y de toda la obra, pertenecen los versos que comentamos.

La invocación inicial de España, «Alto, sereno y espaçioso çielo»[178], es una aparición solemne, pausada y trágicamente afligida, del personaje en escena. España pide ayuda a los dioses. Habla de las riquezas de sus entrañas, continuamente deseadas por los extranjeros, fenicios y romanos. Luego sigue el texto que estudiamos. Y después de él, España constata el cerco romano de Numancia y pide colaboración al «Duero gentil» para que con sus crecidas impida el mantenimiento del cerco organizado por Cipión. El Duero aparecerá en escena para dar la réplica a España.

El texto utilizado, de la edición de Schevill y Bonilla, tiene ciertas enmiendas hechas al manuscrito más antiguo. Las señalo, aunque ninguna de ellas supone alteración notable del sentido. Las correcciones hechas por los editores son las siguientes:

— «esclaua» (v. 2). En el manuscrito de la Biblioteca Nacional de Madrid se dice «esclauas», lo que parece una simple errata de copia.
— «tendida[s]» (v. 4). El manuscrito da «tendida», pero los editores han preferido la corrección de Sancha.

---

[178] Id., p. 118.

— «mismo[s]» (v. 8). El manuscrito dice «mismo» y Sancha «mesmos».

— «entre su pecho» (v. 9) es la forma del manuscrito. Sancha corrige «en su provecho». La variante tiene una cierta significación, ya que la unión de los españoles sería algo provechoso (según Sancha), en vez de algo que se lleva dentro, en el pecho, gratuitamente y sin medir la repercusión (según la versión del manuscrito). Respeto, con arreglo al criterio adoptado en todo mi estudio, el texto fijado por Schevill y Bonilla.

— «furiosos» (v. 10), según el manuscrito. Sancha prefiere «briosos», con lo que pierde fuerza la idea que de los ánimos españoles tiene la propia España.

— «mas los» (v. 11). Así en Sancha. El manuscrito indica «no se», que entra en contradicción con el sentido general del discurso.

— «conuidaron» (v. 13) es la forma que aparece en Sancha. El manuscrito dice «condenaron», forma inadecuada al contexto.

— «de pechos» (v. 14). Así en Sancha. El manuscrito da «despechos».

— «a benir a» (v. 15), según el manuscrito, en vez de «a venir y», según Sancha.

— «usando» (v. 16), en Sancha. El manuscrito prefiere «cesando», de sentido poco claro.

— «mil» (v. 16), en Sancha; «mis» en el manuscrito. De nuevo resulta forma de sentido contradictorio con el contexto.

— El verso 17 es el que aparece en el manuscrito. Sancha prefirió «sola Numancia es la que sola ha sido». El texto de Sancha entra en abierta contradicción con el sentido general del discurso de España, para quien los españoles han estado siempre solos en su división interna.

— «suya y primera» (v. 20), en el manuscrito. Sancha suprime la conjunción.

— «ya» (v. 22), según el manuscrito. Sancha da «y llegada la hora».

2. El texto seleccionado es de una claridad meridiana y no implica términos o construcciones sintácticas de dificultad particular. No obstante, para evitar toda problemática lectura, señalo a continuación algunas palabras con sus correspondientes explicaciones.

— «contino» (v. 1) es la forma anticuada del adverbio «de continuo» o «continuamente».

— «andan... diferentes» (v. 8) se refiere al hecho de que los españoles tengan diferencias, controversias o disensiones entre sí.

— «de pechos cudiçiosos» (v. 14). «cudiçiosos» es forma anticuada de «codiciosos». Se refiere a los bárbaros, que llegaban a España buscando «codiciosamente» los «pechos» de los españoles. En este sentido, «pechos» debe entenderse como «tributo, contribución» pagados a alguien. La otra posible interpretación de la palabra «pechos» daría el sentido de «corazón, espíritu», en cuyo caso se leería, como aposición de «bárbaros», «cuyos espíritus son codiciosos, están llenos de codicia cuando llegan a España para apoderarse de sus riquezas». Prefiero la primera interpretación.

— «entregarse en» (v. 15) equivale a «dedicarse enteramente a una cosa, emplearse en ella». Marrast, en su edición de *El cerco de Numancia,* da el sentido de «apoderarse de».

— «crueças» (v. 16) es forma anticuada de «crueldades».

— «agora» (v. 17) es el adverbio «ahora».

— «fenis» (v. 24) se refiere al ave Fénix, que renacía de sus propias cenizas, según la mitología clásica.

3. A lo largo de los veinticuatro versos seleccionados, discurre un tema fundamental que, sin duda alguna, preocupaba a Cervantes y que explica, en parte, la triste situación de Numancia ante los ojos de la España que habla, de esta «sola y desdichada España». El tema que vive en el conjunto de versos es el de la «desunión y sumisión de los españoles». De una u otra manera, Numancia y su futura desaparición no son ejemplo único en la historia de la nación. Según España, la causa de

tantas desdichas es la falta de unidad de los españoles entre sí. El final del texto anuncia la caída y la resurrección de Numancia, pero no hay que ver ahí más que el colofón trágico y esperanzado al mismo tiempo de la inconsistente vida en común de los españoles. Numancia, sola y desamparada por el resto de los pueblos peninsulares, es objeto de la codicia extranjera. El caso se ha repetido continuamente en la historia de la comunidad (?) hispánica, según Cervantes.

4. Como en el primer texto estudiado, se trata aquí de un conjunto de veinticuatro versos endecasílabos, agrupados en tres octavas reales, según un esquema repetido frecuentemente por nuestro autor en *La destruyción de Numancia*. Si esta estrofa, considerada como propia de la poesía elevada y noble, o sea, de la épica o de la lírica de altos y solemnes vuelos, en la tradición literaria occidental, ha sido la más utilizada por Cervantes en esta obra, no es de extrañar que *La Numancia* haya sido mal catalogada en el pasado. Rechazar la tragedia porque el tema era más propio de la poesía épica que de la dramática era una solución demasiado fácil para ser aceptable. ¡Quizá era necesaria la aparición del teatro épico de Bertol Brecht para que *La destruyción de Numancia* adquiriera cartas de nobleza!

Las tres octavas tienen las rimas plenas de sus endecasílabos distribuidas según el esquema tradicional ababbcc. Sin entrar en los detalles de un análisis de la métrica, análisis que cae muy lejos de mis preocupaciones y de mis gustos, merece la pena señalar, sin embargo, una relativa pobreza en las rimas. El recurrir a formas verbales («sea», «bea», «enplea»; «conçertaron», «apartaron», «conuidaron»; «sido», «mantenido», «cumplido») convierte el discurso en algo relativamente monótono y falto de flexibilidad.

En las tres estrofas repite el autor el mismo esquema. Hay un grupo inicial de cuatro versos, que encierra un primer contenido temático, seguido de una especie de pausa, más o menos pronunciada (más en la primera y tercera estrofa; menos en la segunda), a la que sucede otro conjunto de cuatro versos que presentan una nueva faceta del tema desarrollado en todo el texto. Cervantes ha seguido aquí de manera totalmente homogénea una de las formas tradicionales de fraccionar la octava real.

La primera parte de la estrofa inicial está ocupada por una larga interrogación, perfectamente retórica, de respuesta clara y evidente, sobre la falta de libertad de los españoles. A la inútil pregunta sucede el segundo elemento: los hijos de España carecen de libertad con toda justicia. Ellos mismos son los responsables, culpables y causantes del dolor que España siente viéndose sometida al extranjero, ya que están divididos entre ellos.

En la segunda octava, Cervantes va a proceder en sentido inverso al estructurar los elementos del tema. Los cuatro endecasílabos iniciales continúan insistiendo en el aspecto denunciado al final de la estrofa anterior: la desunión de los españoles. Ahonda un poco más en el sentido trágico de la división existente. Cuando más necesidad han tenido de estar cerca unos de otros, más se han alejado en virtud de discordias internas. El grupo final de cuatro versos viene a enlazar con los endecasílabos iniciales de la primera estrofa. Es decir, España es el objeto de la codicia extranjera por culpa de la desunión de sus hijos, desunión que incita las ambiciones y los egoísmos de bárbaras y crueles gentes.

Los versos 1 al 4 y 13 al 16 son, pues, como una especie de marco —la codicia extranjera de las riquezas españolas— que rodea la causa de esta codicia, la tensión y división interna de los españoles (versos 5 al 12).

La tercera estrofa viene a ser la expresión de las consecuencias que para Numancia ha tenido el tema tratado en las dos primeras. La ciudad lucha, *sola,* por defender su *libertad* contra la agresión del exterior. Así transcurre la primera parte de la octava. Y la segunda anuncia la muerte de Numancia y su eterna fama. Estamos ante el ejemplo vivo de esa trágica expresión de opinión comunicada por España en las dos primeras estrofas. De la generalización a la presentación del caso particular, la sumisión de los españoles y la pérdida de la libertad pasa por su *desunión* interna.

5. El tema desarrollado por Cervantes en estos versos del discurso de España me parece de extremada importancia dentro del esquema vital hecho literatura por el autor a todo lo largo y ancho de su obra. Por eso lo he seleccionado para

este comentario. Pero, además, el hecho de haberlo puesto
en boca de España, de la figura moral más solemne de toda
la tragedia, bien merecía un apartado especial.

En las frases de España encontramos algunas de las preocupaciones mayores de Cervantes. El ser esclavo y el estar privado de libertad son dos constataciones preliminares al hecho
heroico de salir en busca de nuevos horizontes. España, como
figura moral, viene a ser la encarnación de una voluntad colectiva de ser, de vivir. Hemos comentado en páginas anteriores la pretensión cervantina de haber sido el primero en representar «las imaginaciones y los pensamientos escondidos
del alma» [179] utilizando para ello las figuras morales. Así encontramos en las frases de esta España que invoca al alto,
sereno y espacioso cielo, la expresión escénica de cómo el alma
numantina vivía los acontecimientos de la guerra. No es necesario insistir en el tema por medio de personajes particulares.
España es la encargada de decir, en voz alta y solemne, lo que
anidaba en lo hondo de los pechos numantinos. Y, en consecuencia, en lo profundo del alma de Cervantes. Si don Quijote, Cipión (¡un Cipión canino!) y Berganza, Tomás Roda-
ja, Rincón, Cortado y tantos otros personajes cervantinos salen
al mundo dispuestos a conquistar su propia libertad después
de haber roto los cercos de sus correspondientes «romanos»,
no es de extrañar que el personaje España se interrogue sobre
la llegada de ese momento en que pueda ver alzadas las banderas de la libertad. España es un pilar fundamental de la obra,
de importancia igual o mayor a la de Cipión, Marandro o
Teógenes, aunque de orden radicalmente distinto. Está inte-
grada en la acción heroica y expresa un aspecto del drama
colectivo, la parte honda y psicológicamente más difícil de
comunicar. De ahí su importancia y su novedad, junto con
las otras figuras morales, y su gran superioridad dramática
sobre los personajes semejantes encontrados en el teatro pre-
lopista. Las palabras de Ruiz Ramón me parecen muy significativas al abordar el tema. «En *La Numancia* —dice [180]—
los personajes alegóricos o fantásticos no destruyen la verosi-

---

[179] Id., vol. I, p. 7.
[180] RUIZ RAMÓN: *Historia del teatro español*, I, 1971, p. 131.

militud dramática, porque a diferencia de los personajes mi-
tológico-alegóricos de *El infamador,* de Juan de la Cueva,
no intervienen en el desarrollo de la trama, al mismo nivel
de los demás personajes, alterándola o modificándola, sino
que se mantienen por encima del "mundo histórico" de romanos y numantinos, como fuerzas superiores y trascendentes
con función de símbolos. En la estructura de *La Numancia*
es fundamental esa superposición de niveles dramáticos.»

La fuerza del personaje permite al autor poner en su boca
la justificación de la falta de libertad que aflige a España. Y
en el verso 5, empieza Cervantes con un «justisimo» que llama
la atención y señala el carácter de la situación. El autor abre
el verso y la segunda parte de la octava con ese adjetivo en
grado superlativo, que no deja lugar a dudas. La razón de la
privación de libertad es la «diferencia», la honda división que
viven los hijos de España. En los versos 5 al 12, Cervantes
acude a la intensificación expresiva para describir la falta
de unidad de los españoles. Empieza con la forma «justisimo»;
sigue, en el verso 6, con el juego de dos adjetivos que rodean
al sustantivo, «tantas penas fieras»; en el verso 7, usa el
mismo procedimiento estilístico para hablar de los «famosos
hijos y balientes» de España. El verso 9 comienza con un adverbio fuertemente señalador, «jamas». Y en el verso siguiente, vuelve Cervantes a recurrir al sistema del sustantivo
y los dos adjetivos, «diuididos animos furiosos». Tal vez sea
una pura casualidad. Pero también cabe sospechar la intención
de Cervantes destacando estos ocho versos con intensos deícticos y abundante adjetivación, cuando intenta describir la
situación de los españoles divididos en bandos como causa de
su trágica situación. Algo muy parecido habría podido decir
—lo dijo de otras maneras— el autor sobre la España de su
época. ¿Por qué no pensar que detrás de los gestos majes-
tuosos de la España de *Numancia* laten los pasos de la sociedad en que Cervantes vivió, sociedad dividida y, en consecuencia, también privada de libertad?

La octava final es la ejemplificación de la problemática
más general desarrollada en las dos primeras. Y, lógicamente,
el verso 17 empieza con el nombre que singulariza, Numan-

cia. Los cuatro primeros versos son una simple explicación del sentido oculto en el gesto de la ciudad heroica. Lo importante, lo destacado, es la primera palabra. Y los cuatro versos finales, que son el grito de dolor de quien ve llegar el fin, se inician con otro fuerte señalador, la interjección «¡ay!». La visión de la muerte y de la pervivencia en la fama de la ciudad cierra el texto. Pero lo importante ha quedado expresado: falta de libertad por culpa de la división interna de los españoles. Numancia es el ejemplo.

6. El personaje España ha impresionado siempre al lector y al espectador. Tal vez porque encierra dentro de sí las esencias mismas de toda la acción heroica y trágica de los numantinos de todas las épocas. La visión que Cervantes tuvo de su propia situación de numantino en la España que le tocó en suerte ya la hemos señalado. No creo que sea necesario insistir de nuevo en esta conclusión del comentario. Pero se me permitirá terminar con una larga cita de un texto muy poco conocido en España. Aquí también se refleja la honda emoción de quienes vivieron, en otra época y bajo otros cielos, su otra aventura de españoles divididos y privados de libertad, otros numantinos. Es un pasaje del libro *Juego limpio,* de María Teresa León, en que cuenta cómo representaron en Madrid la versión que de *La Numancia* hizo Rafael Alberti en 1937. La longitud de la cita está justificada por la emoción que lleva entre sus líneas. Es María Teresa León quien habla:

«"Alto, sereno y espacioso cielo..." ¡No puedo olvidarlo jamás! Me veo siempre ante la muchedumbre: "Alto, sereno y espacioso cielo..." Los espectadores ante mí lloraban y comían pepitas de girasol mientras los obuses se llevaban trozos de cornisa del teatro. "Alto, sereno y espacioso cielo..." Me habían vestido con una túnica marfil y sobre la cabeza dos ruedas enormes de oro y pedrería se bamboleaban para que pareciese la Dama de Elche, mujer de piedra que me enseñó en un libro Santiago Ontañón. "Alto, sereno y espacioso cielo..." Al principio temblé al subir la escalerita empinada donde yo aparecía detrás de la muralla. A mis pies, Paquito Bustos, disfrazado de Río Duero, estaba seguro de mi aterrizaje, pero no sucedió. En los ensayos yo no quería reírme y me daba risa verlo tan gordo, desnudo y con barbas descomunales verdes. Pero llegó el estreno y me encontré ante el vacío de los espectadores tan silenciosos. Pensé que estaba sola, que no había venido nadie y que la pobre España, despreciada del mundo, iba a clamar por ella y por nosotros.

> Alto, sereno y espacioso cielo
> que con tus influencias enriqueces
> la parte que es mayor de éste mi suelo
> y sobre muchos otros lo engrandeces;
> muévate a compasión mi amargo duelo,
> y pues al afligido favoreces,
> favoréceme en hora tan extraña,
> pues soy la sola y desdichada España.

Aquí se me partió la voz, quebré mi cintura sollozando y me empezaron a caer lágrimas por las mejillas mientras Claudio, ataviado de Scipión Emiliano, me gritaba desde el primer término de bastidores: "¡Pausa, pausa! ¡Calma!" Pero mis lágrimas, brillando con los reflectores, habían hecho su efecto, y el público lloraba y yo seguía hablando, y cuando concluí la ovación fue tanta que el pobre Paquito Bustos, lleno de barbazas verdes que le tiraban de los carrillos, tuvo que aguardar sin saber qué hacer de su persona» [181].

---

[181] María Teresa León: *Juego limpio,* pp. 124-5.

3.—El horror del hambre

«*Hijo:* ¡Con poco pan que me deis,
      madre, no os pedire mas!
Madre: ¡Hijo, que pena me das!
Hijo: ¿Porque, madre, no quereis?
5 *Madre:* Si quiero; mas ¿que are,
      que no se dónde buscallo?
Hijo: Bien podreis, madre, conprallo;
      si no, yo lo conpraré.
      Mas, por quitarme de afan,
10   si alguno conmigo topa,
      le dare toda esta rropa
      por un pedaço de pan.
Madre: ¿Que mamas, triste criatura?
      ¿No sientes que, a mi despecho,
15   sacas ya del flaco pecho,
      por leche, la sangre pura?
      Lleua la carne a pedaços
      y procura de artarte,
      que no pueden ya lleuarte
20   mis flacos, cansados braços.
      Hijos, mi dulçe alegria,
      ¿con que os podre sustentar,
      si apenas tengo que os dar
      de la propia sangre mia?
25   ¡O hambre terrible y fuerte,
      cómo me acauas la vida!
      ¡O guerra, solo benida
      para causarme la muerte!» [182].

---

[182] CERVANTES: *Comedias y entremeses,* Edic. Schevill-Bonilla, volumen V, p. 172.

1. El texto que vamos a comentar ahora es un conjunto de veintiocho versos integrados en el final de la tercera jornada de *La destruyción de Numancia*. Pertenece al discurso dramático, no mucho más largo (un total de cuarenta y cuatro versos) puesto en boca de una madre y de uno de los dos hijos que la acompañan. En este tercer acto el espectador asiste a una serie de hechos aislados que van perfilando ante sus ojos, poco a poco, la increíble situación de los numantinos. Caravino comunica a Cipión el deseo que los sitiados tienen de concluir un combate singular. Intento fracasado. Los hombres de Numancia quieren salir fuera de las murallas para morir matando, pero las mujeres se lo impiden, después de una vigorosa y patética intervención. Nuevo intento fracasado. Marandro promete a Lira salir al campamento romano para conseguir los alimentos necesarios a la supervivencia de la mujer amada. En el acto siguiente asistiremos a la vuelta de Marandro, herido y moribundo. Otra escena en que el intento desesperado de vivir se pierde en un callejón sin salida. Una madre y sus dos hijos —en el texto que comentamos— se encuentran ante la ineludible situación de quien está condenado a morir de hambre.

Cervantes ha dado en esta jornada una serie de trazos, de pinceladas vigorosas, que van dibujando, con rasgos individualizados del vivir cotidiano de unos personajes, el gigantesco y dramático fresco de Numancia. En la mitad del acto cuarto, el autor resume la serie de acciones particulares y de sus motivaciones íntimas, con la intervención sucesiva de tres figuras morales, la Guerra, la Enfermedad y el Hambre. Sus presencias en escena son el complemento imprescindible para integrar en el todo teatral la serie de ejemplos aislados del tercer acto.

En ese conjunto, nuestro texto se sitúa como una pieza yuxtapuesta a otras, pero que en modo alguno puede considerarse como entidad aislada. Además, su consistencia dramática queda completada y vivificada por la intervención del personaje el Hambre en la cuarta jornada.

La edición de Schevill y Bonilla, que utilizamos, sigue con total fidelidad el manuscrito de la Biblioteca Nacional madrileña. Señala en nota algunas variantes introducidas en la

edición de Sancha, variantes que no modifican el sentido, pero que añado a continuación como simple curiosidad. Sancha altera las palabras de la primera columna según la forma indicada en la segunda:

«pena» (v. 3).	«penas»
«porque» (v. 4)	«pues qué»
«podreis» (v. 7)	«podeis»
«pedaço» (v. 12)	«mendrugo»
«ya» (v. 19)	«mas»
«flacos» (v. 20)	«floxos»
«hijos, mi dulçe alegria» (v. 21)	«Hijos del anima mia»
«sangre» (v. 24)	«carne»

2. El léxico utilizado por Cervantes es claro y directo. No presenta dificultad especial de interpretación. Indicaré únicamente las formas anticuadas de los infinitivos con pronombre enclítico, «buscallo» (v. 6) y «comprallo» (v. 7), por «buscarlo» y «comprarlo», respectivamente. Y la expresión «quitarme de afan» (v. 9), en que la palabra «afan» se identifica en el sentido que le da Covarrubias, «el trabajo demasiado y congoxosa solicitud».

3. El tema desarrollado en el texto es el anunciado en el título: «el horror del hambre». El hambre aparece descrita a través de la necesidad insatisfecha de los dos hijos de la madre numantina. El muchachillo que habla, manifiesta su hambre con la ingenuidad de quien no comprende las razones de la carencia de pan. El niño que va en brazos de su madre da otra pincelada al tema del hambre, mordiendo desesperadamente el pecho materno. Y todo esto, es contemplado y comentado con horror por la madre, que asiste desesperada a la lenta destrucción de las criaturas. Madre e hijos, personajes innominados, presentan una faceta del problema del hambre, encarnado en los seres humanos.

Ya he indicado líneas arriba que la presentación de los trágicos efectos del hambre en la obra no está limitada a esta escena. El pasaje de Marandro y Lira es otro aspecto. Pero hay que tener en cuenta, sobre todo, la aparición del personaje el Hambre en la cuarta jornada, aparición que pone de relieve una dimensión estremecedora, de la que ya hemos hablado: los numantinos se destrozan unos a otros, se destruyen mutuamente.

«Contra la madre, ¡nunca bista cosa!,
se muestra el hijo de piedad desnudo» [183].

Y de esta manera, el niño de pecho, devorando la sangre y la carne materna, se transforma en algo más profundo y, quizá, más significativo.

4. Nuestro texto está constituido por veintiocho versos agrupados en siete estrofas uniformes de cuatro versos octosílabos. Son siete redondillas con rima consonante del tipo abba, que cambia en todas las estrofas. La rima es relativamente rica. Solamente en diez versos ha recurrido el autor al uso de terminaciones verbales para establecer la igualdad necesaria a la rima. Son los versos 1, 4, 5, 6, 7, 8, 18, 19, 22 y 23. El resto ofrece una variedad normal en este género de formas estróficas.

Es de señalar que este pasaje es uno de los escasos ejemplos de la obra en que el autor ha utilizado versos de arte menor. El tono mayestático general de la tragedia adquiere unos aires más flexibles, más humanos, al usarse el metro corto en la presentación de escenas que nos hacen penetrar en lo más recóndito del alma de los sitiados.

El diálogo del hijo y la madre está gradualmente desarrollado en frases de longitud distinta. Las intervenciones alternas de uno y otra en los versos 1 a 6 (y en las dos redondillas que preceden a nuestro texto) forman un diálogo lento, de carácter mayestático, pensado más en función del efecto que causará en la galería que en su condición de vehículo de comunicación entre los personajes. Estos versos iniciales, que parecen tener forma de diálogo, no son sólo el canal por el que la madre y el hijo se cuentan sus desgracias. Son, fundamentalmente, la vía elegida por el autor para hacer patente ante el público la tragedia interna del hombre enfrentado con el hambre irrefrenable. De ahí su falta de agilidad y de flexibilidad. La longitud de las intervenciones de la madre y el

---

[183] Id., p. 186.

hijo, medida en número de versos, aumenta hasta el discurso final de aquélla, largo y patético, que viene a ser el broche con que el autor cierra la escena y la proyecta a escala de generalización.

En todo juego dialogal, la serie de preguntas y respuestas es elemento imprescindible. En el presente texto, las intervenciones no parecen ser funcionalmente necesarias en todos los casos. Los versos 1 a 6 incluyen una serie de exclamaciones y de interrogaciones que dan al pasaje un evidente aire de diálogo, sobre todo en los párrafos del hijo. El parlamento final de la madre pierde toda característica dialogal y pasa a ser una expresión monologal de sus sentimientos. El recurso a las interrogaciones es puramente gratuito y no exige respuesta funcional. Se trata de una serie de preguntas retóricas, cuya contestación se da en las dos exclamaciones finales con las invocaciones al hambre y a la guerra (vv. 25 a 28).

Así, pues, la estructuración de los elementos que componen el pasaje se puede hacer de la siguiente manera. En los versos 1 a 12, la madre y el niño presentan, en forma aparentemente dialogada, dos facetas del tema del hambre: la incomprensión infantil de la falta de pan y la trágica impotencia de la mujer adulta ante la impaciencia del niño. Hay que señalar que a la última intervención del hijo (versos 7 a 12), en que decide cambiar toda la ropa que lleva por un trozo de pan, «si alguno conmigo topa», no corresponde una respuesta de la madre, con lo que la inocencia infantil queda aún más trágicamente sola y abandonada a su destino.

En la segunda parte del texto (versos 13 a 20), la madre se dirige al tierno niño que lleva en brazos y que intenta desesperadamente sacar leche del pecho materno. Las dos preguntas iniciales con que le habla a la criatura no exigen respuesta, por razones obvias, y conllevan una contestación negativa: «no mamas nada, triste criatura» y «no sacas de mi pecho leche, sino sangre».

Una vez que la madre se ha dirigido a sus hijos por separado, en la tercera parte (versos 21 a 24) les habla a los dos juntos («hijos, mi dulçe alegria») para reconocer su propia impotencia. En estos cuatro versos la madre encarna ya a *la*

Madre numantina frente a *los Hijos* numantinos. Y la estrofa
final, cuarta y última parte del texto, expresa la reacción honda y humana contra el hambre que les aflige a todos y contra
la causa primera de su situación, la guerra que causará la
muerte colectiva.

5. En torno al tema que hemos señalado, Cervantes ha
ido adosando una serie de elementos que lo perfilan, lo destacan y lo adornan. La forma adoptada por el autor es la
expresión inmediata, querida, inconsciente o subconsciente,
del contenido de la obra. Pretender destacar y desmenuzar los
elementos formales como algo inmanente y ajeno a la intención general del texto me parece ejercicio puramente inútil.
Por eso, al destacar ciertos rasgos estilísticos, fonéticos, léxi-
cos o sintácticos, no hacemos más que poner de relieve esa
intencionalidad cervantina no siempre identificable a primera
vista.

La diferente actitud espiritual del hijo que habla y de la
madre (ingenua creencia infantil en la posibilidad de conseguir pan y trágica constatación materna de la evidente situación) se marca también en el tono insistente del primero y
más anonadado de la segunda. El niño usa, en el verso 1, una
serie de palabras en las que los fonemas oclusivos sordos
(*con poco pan que me deis*) se suceden con un ritmo marti-
lleante y entrecortado característico de la petición infantil.
También en el verso 4 se vuelven a usar los mismos fonemas
(*porque, madre, no quereis*), aunque de forma menos inten-
siva. El verso 12 ofrece a su vez una serie de tres fonemas bi-
labiales sordos que entrecortan el discurso del niño (*por un
pedaço de pan*). A las preguntas insistentes y machaconas del
muchacho incrédulo, responde la madre con simples y amar-
gas expresiones de pena e impotencia: « ¡Hijo, que pena me
das! » (v. 3) y «no se dónde buscallo» (v. 6). Entre esos dos
extremos oscilan las figuras de la madre y el hijo.

Hemos hablado líneas arriba de la presencia en escena de
los dos niños numantinos al lado de su madre. El mayor
habla. El pequeño, en los brazos maternos, limita su actividad a intentar mamar inútilmente. Sin embargo, su presencia
viva está asegurada por las referencias de la madre («triste

criatura», v. 13) y, sobre todo, por una sucesión de palabras cuyos fonemas parecen querer identificar el ruido ansioso producido por la boca del niño que chupa con desesperación. La serie de palatales, alveolares, labiodentales y velares (ch, s, c, y, f, ch, ch), sobre todo, señalan la activa presencia del muchacho. La cadena fónica en cuestión se encuentra en las palabras de la madre incluidas en los versos 14 a 16:

«... ... ... a mi despe*ch*o
*s*acas *y*a del *f*laco pe*ch*o
por le*ch*e la *s*angre pura».

La doble actitud del hijo que habla y de la madre parece reflejarse también en la adjetivación utilizada por el autor a través de los respectivos parlamentos. Veamos la serie de formas adjetivas, con sus correspondientes sustantivos, que aparecen en el texto:

«poco pan» (v. 1)
«triste criatura» (v. 13)
«mi despecho» (v. 14)
«flaco pecho» (v. 15)
«sangre pura» (v. 16)
«flacos, cansados braços» (v. 20)
«mi dulçe alegria» (21)
«propia sangre mia» (24)
«hambre terrible y fuerte» (v. 25).

Excepto los adjetivos de los versos 14, 16, 21 y 24, los demás cargan el texto de un sentido trágico, pesimista y negativo. En cambio, los que aparecen en esos mismos versos («mi», «pura», «mi», dulçe», «propia», mia») implican más bien una interiorización, una personalización del problema. El único adjetivo que queda al margen de la subjetividad es «pura». Todos los demás, de una u otra manera, indican claramente el sentido del texto: la interiorización y personalización de la honda tragedia que aflige a los personajes.

Pero hay algo más significativo y que señala bien, como anunciábamos, la diferente actitud psicológica del hijo y de la madre. Ninguno de los adjetivos indicados está puesto en boca del muchacho, para quien, repito, no hay interiorización de la tragedia, sino esperanza de encontrar alguien capaz de remediar su hambre.

Las formas verbales del texto también completan de manera evidente la impresión que los personajes dejan en el espectador. La diferencia existente entre las formas que expresan la irrealidad, la posibilidad de que algo se lleve a cabo (futuro, subjuntivo, formas verbales integradas en sintagmas condicionales) y las que indican la constatación clara y patente de la realidad (verbos en presente), adquiere en el pasaje toda su significación.

El niño expresa su incredulidad en el presente, es decir, su deseo de que se realice en el futuro lo que para su madre es imposible: saciar el hambre. La esperanza del muchacho se manifiesta también en el uso de las formas verbales. Todas ellas indican el carácter futuro de que hablábamos líneas arriba: «deis» (v. 1), «pedireis» (v. 2), pedire» (v. 2), «podreis conprallo» (v. 7), «conprare» (v. 8), «si alguno conmigo topa» (v. 10), «dare (v. 11). El presente «quereis» (v. 4), usado por el niño, no indica una acción suya, sino de la madre y no contradice en nada nuestra anterior afirmación.

En el otro extremo de la línea que define sus dos maneras de ser, la madre expresa toda la experiencia de quien no puede ya esperar nada. Se limita a constatar la existencia de una realidad trágica, fatal, sin salida. De ahí el que todo su parlamento, todas sus intervenciones, se expresen en el presente falto de toda esperanza en un futuro mejor. Los verbos utilizados por la madre numantina son los siguientes: «das» (v. 3), «quiero» (v. 5), «no se» (v. 6), «buscallo» (v. 6), «mamas» (v. 13), «sientes» (v. 14), «sacas» (v. 15), lleua» (v. 17), «procura» (v. 18), «artarte» (v. 18), «pueden» (v. 19), «lleuarte» (v. 19), «sustentar» (v. 22), «tengo» (v. 23), «dar» (v. 23), «acauas» (v. 26), «causarme» (v. 28). Todas estas formas son presentes o sustantivos verbales intemporales que señalan el carácter realista, realistamente pesimista, de la madre. Dos excepciones son los futuros «are» (v. 5) y «podre» (v. 22). Pero uno y otro forman parte de dos oraciones en las que la madre hace sendas preguntas puramente retóricas, que exigen la respuesta tajante y conocida en un presente opresor. No se trata, pues, de dos anomalías, aunque se trate de dos futuros.

La madre y el hijo (¡y los hijos!), cuyas características psicológicas se nos han perfilado incluso en la articulación formal del lenguaje cervantino, constituyen un todo indisoluble, a pesar de estar separados por su actitud y su comportamiento radicalmente opuestos. El autor los ha unido con fuertes lazos afectivos señalados por los frecuentes vocativos o imprecativos con que uno y otra se interpelan. Así encontramos la serie de «madre» (v. 2), «hijo» (v. 3), «madre» (v. 4), «madre» (v. 7), «triste criatura» (v. 13), «hijos» (v. 21), «mi dulçe alegria» (21). Madre e hijos, hijos y madre, cada uno en su propia vereda psicológica, avanzan por la pendiente trágica unidos con los lazos de la afectividad.

6. Ya hemos tratado el texto mediante su observación desde muy distintos ángulos. Y en todos los casos se nos perfila una evidente constatación: Cervantes ha presentado, a través de estas redondillas, un ejemplo muy humano de cómo una madre y unos hijos, desde diferentes actitudes psicológicas, sufren el horror del hambre.

Para concluir quisiera comentar otro elemento del cuadro. El hambre supone una falta de alimentos. Y en el texto que nos ocupa se nombran sustancias que contrastan fuertemente y añaden nuevas gotas de horror al conjunto. Se habla de la carne que el niño de pecho arranca a su madre (v. 17), de la leche que quiere mamar el mismo niño (v. 16), de la sangre que este último bebe en el pecho materno (v. 16) y del pan cuya falta atormenta al muchachillo que habla (v. 1). Digamos, de pasada, que la madre no menciona el hambre que ella misma padece. Su sufrimiento mayor es no poder dar de comer a sus hijos. Volviendo a los cuatro alimentos citados, hay dos de ellos que pueden considerarse como alimentos naturales y básicos para el hombre: el pan y la leche. Y son esos dos justamente los que nunca podrán saciar el hambre del niño que habla, porque no los podrá conseguir.

Los otros dos alimentos nombrados, la carne y la sangre, que, en principio, son comestibles, pierden el carácter de tales al identificarse con la carne y la sangre humanas. Se convierten, pues, en elementos del horror que caracteriza el hambre de los numantinos. Cervantes ha cargado la mano en esta visión del tormento de los asediados que les lleva a comerse unos a otros. El niño mama la sangre de su madre y ésta anima a su hijo a llevarse entre los labios su propia carne hecha pedazos.

Todo esto forma parte de una obra en la que hemos sospechado, al ver ciertos aspectos canibalescos del pueblo numantino, la denuncia de Cervantes de tantos casos humanos en que los grupos de asediados por la sociedad se destruían unos a otros en un acto de salvajismo motivado por un inhumano «¡sálvese el que pueda!». No resulta imposible establecer también aquí la correspondiente relación.

4.—La última encarnación de la Numancia heroica

«*Todo el furor de quantos ya son muertos
en este pueblo, en poluo rreduçido,
todo el huir los pactos y conçiertos,
ni el dar a sujeçion jamas oydo,*
5   *sus yras, sus rrancores descubiertos,
está en mi pecho solamente unido.
Yo eredé de Numançia todo el brio;
bed, si pensais bençerme, es desbario.
Patria querida, pueblo desdichado,*
10   *no temas, ni ymajines que me admire
de lo que deuo ser, de ti enjendrado,
ni que promesa o miedo me rretire,
ora me falte el suelo, el çielo, el ado,
ora bençerme todo el mundo aspire;*
15   *que ynposible sera que yo no haga
a tu balor la mereçida paga.
Que si a esconderme aqui me trujo el miedo
de la çercana y espantosa muerte,
ella me sacará con mas denuedo,*
20   *con el deseo de seguir tu suerte;
de bil temor pasado, como puedo,
sera la enmienda agora osada y fuerte,
y el temor de mi edad tierna ynoçente
pagaré con morir osadamente*» [184].

---

[184] Id., pp. 199-200.

1. He seleccionado un grupo de veinticuatro versos del final de la obra. Cuando ya ha caído el silencio de la muerte sobre la ciudad, han entrado los primeros soldados dentro de la muralla para examinar la situación. «Todos son muertos» [185], le comunica Iugurta a Cipión. El suicidio colectivo de los numantinos se ha consumado. Los romanos constatan, impotentes, que su triunfo sobre Numancia no será tenido en cuenta por la capital de su imperio, ya que Cipión no podrá presentar los rehenes exigidos. Iugurta ha visto un muchacho «de gentil arreo» [186] subido en una torre. Cipión se apresura a decir:

> «Si eso fuese berdad, eso bastaua
> para trunfar [sic] en Roma de Numançia,
> que es lo que mas agora deseaua.
> Lleguemonos alla, y açed [in]stançia
> como el muchacho benga aquestas manos
> biuo, que es lo que agora es de ynportançia» [187].

Bariato, desde la torre, resiste a las ofertas generosas («rricas joyas y preseas» [188] de Cipión. Y después de unas breves palabras entre el muchacho, Cipión y Quinto Favio, Bariato pronuncia un largo discurso, cuyo principio comentamos en estas páginas. Al final de nuestros veinticuatro versos, Bariato asegura a sus conciudadanos, a las sombras de sus conciudadanos, que las tropas de Roma no triunfarán sobre él, ni por la fuerza ni por medio de regalos. A Cipión y sus soldados les exige que se calmen y que no intenten escalar el muro. Finalmente se suicida, arrojándose de la torre abajo.

Sigue la última intervención de Cipión, confesando su derrota. Y la Fama aparece cantando el valor de Numancia.

El texto que utilizamos es el que aparece en la edición de Schevill y Bonilla, con una sola variante de puntuación, en el verso 11. He añadido una coma entre «deuo ser» y «de ti», para aclarar el sentido. Schevill y Bonilla se atienen al manuscrito de la Biblioteca Nacional de Madrid, pero señalan

---

[185] Id., p. 197.
[186] Id.
[187] Id., p. 198.
[188] Id., p. 199.

las divergencias existentes entre dicho manuscrito y la edición
de Sancha y rectifican uno u otra en los puntos siguientes:

— el nombre del muchacho, según Sancha, es Viriato, en
  el que parece hay una interferencia del nombre atribuido al héroe lusitano de la resistencia contra Roma.
— «pueblo» (v. 2). El manuscrito dice «pueblo y».
— «todo el huir» (v. 3). Así en Sancha. El manuscrito da
  «es el ber».
— «sus rrancores» (v. 5). En Sancha «y rencores».
— «esta» (v. 6). El manuscrito dice «que esta». Sancha
  lee todo el verso así: «está en mi pecho todo junto
  unido».
— «pensais» (v. 8). En Sancha, «pensar».
— «admire» (v. 10). En Sancha, «que delire». Schevill y
  Bonilla, en la pág. 352, añaden la nota siguiente: «El
  "me admire" del manuscrito es enmienda; pero debajo
  del borrón se puede leer una palabra que parece ser
  "retire", y pudo leerse "que retire", lección enmendada
  en ambas versiones; pero la repetición de la rima es muy
  de Cervantes.»
— el verso 11 se lee en Sancha «de lo que debo hacer en ti
  enjendrado».
— «falte (v. 13), según Sancha. El manuscrito dice «falta».
— «ora» (v. 14). En Sancha «ora a».
— «no» (v. 15), según Sancha; «lo» en el manuscrito.
— «de» (v. 21). En Sancha, «del».
— el verso 22 se lee en Sancha «haré ahora la enmienda
  osado y fuerte».
— «temor» (v. 23). Sancha dice «error». La lectura del
  manuscrito pone de relieve el carácter infantil, menos
  racional, del niño Bariato. Parece más lógica la versión del manuscrito y la elección de Schevill y Bonilla.

2.   Solamente cuatro palabras merecen una breve explicación. El resto del texto me parece suficientemente claro.

— «conçiertos» (v. 3) pertenece al grupo de «concertar»,
  que es «lo mesmo que componer», según Covarrubias.

En dicho diccionario se dice que «componerse con la parte, es satisfacer a su adversario con dinero o otra cosa». El Diccionario de la Real Academia, al definir «concierto», no hace alusión al adversario o enemigo. Dice: «ajuste o convenio entre dos o más personas o entidades sobre alguna cosa».

— «sujeçion» (v. 4) se identifica en Covarrubias como «el rendimiento y conocimiento».

— «rrancores» (v. 5) vale por «rencores».

— «trujo» (v. 17) es el indefinido anticuado de «traer», «trajo».

3. El tema que desarrolla el presente texto es el de la última encarnación de la Numancia heroica, según consta en el título del comentario. Todos los caracteres más gloriosos de la ciudad se reúnen aquí, en la persona de carne y hueso del único superviviente, Bariato. Cervantes ha acumulado en unos pocos versos toda una serie de trazos que destacan en la figura del muchacho su amplio y arriesgado compromiso con la desaparecida comunidad numantina. Las palabras «última», «encarnación», «Numancia» y «heroica» recogen todo el trágico sentido de la existencia de Bariato, elevándolo a la categoría de símbolo. El nombre mismo elegido por Cervantes parece guardar resonancias de Viriato, otra ilustre muestra del heroísmo peninsular contra la invasión romana. El anuncio del suicidio de Bariato y la muerte misma, que no hemos seleccionado en el texto, no añaden nada nuevo al tema desarrollado en él.

4. El pasaje que comentamos está distribuido a lo largo de veinticuatro versos endecasílabos agrupados en tres octavas reales, cuyas rimas consonantes se hallan repartidas con arreglo a la fórmula tradicional abab012cc, tan utilizada por Cervantes en *La destruyción de Numancia*. La riqueza de las rimas es, globalmente, la misma que hemos encontrado en los textos precedentes. El autor recurre a la repetición de terminaciones verbales solamente en dos octavas: tres participios en la primera estrofa («rreduçido», «oydo» y «unido») y tres presentes en la segunda («admire», «rretire» y «aspire»).

Las tres octavas señalan tres momentos bien diferenciados del discurso de Bariato. En la primera manifiesta su convicción de ser el depositario de los rasgos más llamativos del valor numantino: furor, huir pactos, no dar nunca oídos a la «sujeçion» —es decir, mantener el sentido de la libertad—, iras, rencores. En los seis primeros versos hace la enumeración de todo lo que ha heredado. En los dos versos finales de la octava resume lo dicho anteriormente.

La segunda estrofa, una vez establecida la «autoidentificación» de Bariato, es el momento en que el muchacho, dirigiéndose a su «patria», a su «pueblo desdichado», les asegura su propia firmeza y les promete fidelidad total a la causa común.

Sin embargo, la última octava abre una brecha en el conjunto de trazos mayestáticos de Bariato. A pesar de lo que ha prometido en el párrafo anterior, el muchacho confiesa que ha tenido miedo. Y, en consecuencia, llevará su decisión hasta el extremo último del suicidio. Tres etapas que marcan bien tres aspectos del personaje: su dependencia del pasado, su deseo firme de no ceder a las presiones del enemigo, su decisión de llevar hasta el fin el compromiso con su pueblo.

5. La forma utilizada por Cervantes en este pasaje reúne una serie de características que definen bien la intencionalidad profunda. Vayamos analizando algunos de los elementos más significativos.

En los seis primeros versos de la estrofa inicial, que resume los rasgos más llamativos del valor numantino acumulados en Bariato, Cervantes procede por yuxtaposición de distintos elementos. Usa el autor sintagmas generalizadores, para cubrir todas las posibilidades e indicar la amplitud de la herencia que Bariato lleva sobre los hombros: «todo el furor» (v. 1), «quantos ya son muertos» (v. 1), «todo el huir los pactos y conçiertos» (v. 3), «dar ... jamas oydo» (v. 4), «todo el brio» (v. 7). La enumeración de elementos totalizadores es muy significativa del valor universal (dentro de lo numantino) de Bariato. Los dos versos finales de la estrofa resumen lo anteriormente dicho: «yo eredé ... todo el brio» (v. 7).

Bariato ha hablado en primera persona. El empleo del pronombre «yo» (v. 7) pone de relieve la identificación del sentido que el personaje recibe del autor. Y a continuación, en la segunda estrofa, ese «yo», cristalización de los valores numantinos, se dirige a la patria en una alocución estructurada de modo sobresaliente por medio de la acumulación de oraciones coordinadas: «no temas, ni ymajines que me admire ... ni que ... me rretire» (vv. 10 y 12), «ora me falte ... ora bençerme ... aspire» (vv. 13-14). La coordinación marca toda la estrofa al presentar la enumeración de lo que la patria no debe temer de su heredero último y único, Bariato.

En la estrofa tercera, Cervantes completa con mano certera los rasgos con que ha trazado la figura del muchacho. Bariato, a pesar de las declaraciones solemnes hechas en las dos primeras octavas, a pesar de las promesas lanzadas a su «pueblo desdichado», ha tenido miedo y ha huido para esconderse. Esta última estrofa es la exteriorización y solución del conflicto interior surgido en el alma de Bariato. El muchacho ha huido por «miedo de la çercana y espantosa muerte» (vv. 17-18), miedo justificado por su «edad tierna ynoçente» (v. 23). Y es esa muerte el elemento liberador de su falta («ella me sacará con mas denuedo», v. 19) y el apoyo que necesita para ser digno heredero de Numancia. El temor que Bariato confiesa le da un carácter mucho más humano, más heroicamente atractivo, menos estatuario, al gesto final. El acto solemne y casi ritual, alegórico, con que pone fin a su vida, lleva así una carga indudable de calor de humanidad, del que habría carecido de otra manera.

La vida de Bariato, del Bariato héroe, es la del ave Fénix. Primero se habla de muertos (v. 1) y de un pueblo reducido a polvo (v. 2). Pero todo eso ha resucitado y está unido «en mi pecho» (v. 6). Con la muerte de Bariato volverá a morir para tornar a resucitar eternamente en la fama. De esta manera, Bariato da un sentido nuevo al pueblo numantino y recibe de él la impronta necesaria al carácter del héroe.

Para diseñar los perfiles de Bariato, ha recurrido Cervantes a ciertos artificios estilísticos que merecen destacarse. Los elementos que condicionan la vida y la acción del personaje llegan a los oídos del espectador cargados de una adjetivación que refleja la actitud interior de Bariato. Así, la edad, la enmienda de su decisión, el temor, la muerte, el pueblo, la patria, las iras, los rencores, que son las difíciles realidades con las que está enfrentado el héroe, se reflejan en el texto por medio de formas sustantivas acompañadas de adjetivos que indican la interioridad, la visión que de todas ellas tiene el muchacho. La serie es significativa: «este *pueblo,* en poluo *rreduçido*» (v. 2), «sus *yras,* sus *rrancores descubiertos*» (v. 5), «*patria querida*» (v. 9), «*pueblo desdichado*» (v. 9), «*çercana y espantosa muerte*» (v. 18), «*bil temor*» (v. 21), «*enmienda osada y fuerte*» (v. 22), «*edad tierna ynocente*» (v. 23). Bariato asume, hace suyos todos los condicionamientos de su vida antes de enfrentarse, consciente y voluntariamente, con la muerte.

En todo el párrafo se percibe el tono solemne, de circunstancias. Cervantes se ha encarado con el momento decisivo en que el rito del suicidio va a dar al traste con la victoria de Roma. Y ha querido rodearlo de un contorno estilístico que llama la atención por sus contrastes, por sus repeticiones y por sus fuertes señaladores.

Sólo en la primera estrofa se acumulan las expresiones en que los elementos componentes suponen una paradógica y significativa unión: el furor de los muertos, un pueblo convertido en polvo, unos pactos no aceptados, unos rencores manifestados. También resalta la oposición existente entre el carácter generalizador, integrador, de la serie «todo el furor» (v. 1), «de quantos ya son muertos» (v. 1), «todo el huir» (v. 3), «dar jamas oydo» (v. 4), «todo el brio» (v. 7), con las afirmaciones individualizadoras «en mi pecho solamente unido» (v. 6) y «yo eredé» (v. 7).

El empleo de repeticiones de términos sintácticamente semejantes da al texto un ritmo pausado y solemne muy característico. Además de una estructura ternaria relativamente aparatosa («me falte el suelo, el çielo, el ado», v. 13), hay varios conjuntos binarios que también matizan el ritmo lento aludido:

«pactos y conçiertos» (v. 3)
«sus yras, sus rrancores» (v. 5)
«patria querida, pueblo desdichado» (v. 9)
«no temas, ni ymajines» (v. 10)

«que me admire ... ni que me rretire» (vv. 10 y 12)
«promesa o miedo» (v. 12)
«çercana y espantosa muerte» (v. 18)
«enmienda ... osada y fuerte» (v. 22)
«edad tierna ynoçente» (v. 23).

Y por fin, los señaladores, que también contribuyen a diseñar el carácter majestuoso. Hay varios versos que se abren con fuertes deícticos de diversos tipos:

«todo el furor» (v. 1)
«todo el huir» (v. 3)
«yo eredé» (v. 7)
«bed» (v. 8)
«patria querida» (v. 9). Aquí el imprecativo tiene más resonancia porque encabeza y abre una nueva estrofa.
«no temas» (v. 10)
«ella me sacará» (v. 19). El uso del pronombre personal es característico de una voluntad señaladora.

6. La lectura atenta del texto nos ha llevado a constatar la complejidad del personaje Bariato, el sentido hondo de su intervención en el drama numantino y algunos de los recursos estilísticos usados por Cervantes. Las tres octavas reales constituyen una unidad significativa de gran interés y reflejan, como otros muchos pasajes de *La destruyción de Numancia,* el aire majestuoso y, al mismo tiempo, encarnado en humanidad que la obra posee.

BIBLIOGRAFIA

Ediciones de «La destruyción de Numancia»

Indicamos a continuación una serie de ediciones de la tragedia cervantina, que han sido utilizadas en el presente estudio o que destacan por su importancia:

A destruição de Numância. Trad. em verso por José Carlos Lisboa. Río de Janeiro, Civilização Brasileira, 1957.

Cerco de Numancia. México, Helio, 1955.

Comedia del çerco de Numançia (en *Comedias y entremeses. Edición de Rodolfo Schevill y Adolfo Bonilla.* Madrid, Gráficas Reunidas, 1920, vol. V, pp. 103-203).

El cerco de Numancia. Introducción y notas de Robert Marrast. Salamanca-Madrid, Edic. Anaya, 1961.

El cerco de Numancia. Tragedia en cuatro jornadas. Edición anotada por J. Givanel Mas. Barcelona, Imprenta-Escuela de la Casa Provincial de Caridad, 1941.

La destrucción de Numancia. Edición y ensayo preliminar de Ricardo Doménech. Madrid, Taurus, 1967.

La Numancia. Edición, prólogo y notas de Francisco Yndurain. Madrid, Aguilar, 1964.

Numance, tragédie. Traduite en prose par Esménard, précédée d'une notice biographique (en *Chefs d'oeuvre des théâtres étrangers.* París, vol. XXIV, 1823).

Numance. Version française de Robert Marrast et André Reybaz. París, L'Arche, 1957.

Numancia (en *Tesoro del teatro español,* por Eugenio de Ochoa. París, vol. V, 1898).

Numancia (en *Obras completas. Edición de la Real Academia Española.* Madrid, vol. VII, 1923).

Numancia (en *Obras completas. Edición de Angel Valbuena Prat.* Madrid, Aguilar, 1954).

Numancia, tragedia en tres jornadas. Adaptación y versión actualizada de Rafael Alberti. Madrid, Signo, 1937.

Numancia, tragedia. Versión modernizada de Rafael Alberti. Maquetas y figurines de Santiago Ontañón. Buenos Aires, Losada, 1943.

Numantia. A tragedy. Translated from the Spanish with introduction and notes by James Y. Gibson. Londres, Kegan Paul, Trench & Co., 1885.

Obras. II. Obras dramáticas. Estudio preliminar y edición de Francisco Yndurain. Madrid, Atlas, 1962.

Théâtre. Traduit pour la première fois de l'espagnol en français par Alphonse Royer. París, Michel Lévy frères, 1870.

Théâtre choisi, I. «Numance.» «Le Ruffian bienheureux.» Trad. de Robert Marrast. París, Klincksieck, 1963.

Viage al Parnaso. Publicanse ahora de nuevo una tragedia y una comedia inéditas del mismo Cervantes; aquella intitulada La Numancia, esta El Trato de Argel. Madrid, Antonio de Sancha, 1784.

Estudios críticos sobre «La destruyción de Numancia» y obras utilizadas en el presente trabajo

ALONSO CORTÉS, NARCISO: «Cervantes», en *Historia general de las literaturas hispánicas.* Barcelona, Vergara, vol. II, 1968, pp. 801-56.

APRAIZ, RICARDO DE: *Numancia y su museo.* Madrid, Publicaciones Españolas, 1964.

ASTRANA MARÍN, LUIS: *Vida ejemplar y heroica de Miguel de Cervantes Saavedra.* Madrid, Editorial Reus, 1948-58, 7 vols.

BONILLA Y SAN MARTÍN, ADOLFO: *Cervantes y su obra.* Madrid, Beltrán, 1916.

CASALDUERO, JOAQUÍN: «La "Numancia"», en *Nueva Revista de Filología Hispánica,* II, 1948, pp. 71-87.

— *Sentido y forma del teatro de Cervantes.* Madrid, Gredos, 1966.

CASTRO, AMÉRICO: *Cervantes y los casticismos españoles.* Madrid, Alfaguara, 1966.

CERVANTES SAAVEDRA, MIGUEL DE: *Comedias y entremeses. Edición publicada por Rodolfo Schevill y Adolfo Bonilla.* Madrid, 1915-22, 6 vols.

— *Don Qvixote de la Mancha. Edición publicada por Rodolfo Schevill y Adolfo Bonilla.* Madrid, 1928-41, 4 vols.

— *Viage del Parnaso. Edición publicada por Rodolfo Schevill y Adolfo Bonilla.* Madrid, 1922.

COTARELO Y VALLEDOR, ARMANDO: *El teatro de Cervantes. Estudio crítico.* Madrid, Tipografía de la Revista de Archivos, Bibliotecas y Museos, 1915.

COVARRUBIAS, SEBASTIÁN DE: *Tesoro de la lengua castellana o española. Edición preparada por Martín de Riquer.* Barcelona, Horta, 1943.

DOMÉNECH, RICARDO: «Un montaje de *Numancia* y el problema de los clásicos», en *Cuadernos Hispanoamericanos*, LXVIII, 1966, páginas 457-63.

FERNÁNDEZ DE MORATÍN, LEANDRO: «Discurso histórico sobre los orígenes del teatro español» (en *Obras de D. Nicolás y D.* .... Madrid, Atlas, 1944, pp. 150-305).

FERNÁNDEZ Y FERNÁNDEZ DE RETANA, LUIS: *España en tiempo de Felipe II.* Madrid, Espasa-Calpe, 1966, 2 vols.

GARCÍA DE VALDEAVELLANO, LUIS: *Historia de España.* Madrid, Revista de Occidente 1973⁵, 2 vols.

HERMENEGILDO, ALFREDO: *Los trágicos españoles del siglo XVI.* Madrid, Fundación Universitaria Española, 1961.
— *La tragedia en el Renacimiento español.* Barcelona, Planeta, 1973.

HOUCK, HELEN P.: «Revival of Cervante's "Numancia"», en *Hispania*, Lawrence (Kansas), XXI, 1938, pp. 225-6.

JULIÁ MARTÍNEZ, EDUARDO: «Estudio y técnica de las comedias de Cervantes», en *Revista de Filología Española*, XXXII, 1948, pp. 339-65.

LEÓN, MARÍA TERESA: *Juego limpio.* Buenos Aires, Goyanarte, 1959.

LEÓN MÁINEZ, RAMÓN: *Cervantes y su época.* Jerez de la Frontera, 1901, volumen I.

LISTA, ALBERTO: *Lecciones de Literatura Española.* Madrid, Imprenta de Nicolás Arias, 1836.

LÓPEZ DE AYALA, IGNACIO: *Numancia destruida. Introducción, edición y notas de Russell P. Sebold.* Salamanca, Anaya, 1971.

MAÑAC, JORGE: «El sentido trágico de la "Numancia"», en *Nueva Revista Cubana*, 1959, núm. 1, pp. 21-40.

MARÍA CAMPOS, ARMANDO: *Treinta crónicas y una conferencia sobre el teatro de Cervantes.* México, Edic. Populares, s. a.

MARRAST, ROBERT: *Miguel de Cervantes.* París, L'Arche, 1957.

MENÉNDEZ PELAYO, MARCELINO: «Cuatro palabras acerca del teatro griego en España» (en *Comedias de Aristófanes, traducidas por F. Baráibar y Zumárraga.* Madrid, Librería Hernando, 1942, vol. I, páginas VII-XXV).

PÉREZ RIOJA, JOSÉ ANTONIO: «Numancia en la poesía», en *Celtiberia, revista de estudios sorianos*, IV, 1954, pp. 69-103.

PITOLLET, CAMILLE: «La "Numancia" au Théâtre Antoine», en *Bulletin Hispanique*, XXXIX, 1937, pp. 405-10.

Romancero general (1600, 1604, 1605). Edición, prólogo e índices de Angel González Palencia. Madrid, C. S. I. C., 1947, 2 vols.

RUFO, JUAN: «La Austríada» (en *Poemas épicos. Colección dispuesta y revisada, con un prólogo y un catálogo por don Cayetano Rosell.* Madrid, Atlas, 1948, vol. II, pp. 1-136).
— *Las seiscientas apotegmas y otras obras en verso. Edición, prólogo y notas de Alberto Blecua.* Madrid, Espasa-Calpe, 1972.
RUIZ RAMÓN, FRANCISCO: *Historia del teatro español, I. (Desde sus orígenes hasta 1900).* Madrid, Alianza Editorial, 1971².

SAAVEDRA, EDUARDO: *Descripción de la vía romana entre Uxama y Augustóbriga.* Madrid, Real Academia de la Historia, 1879.
SCHACK, ADOLFO FEDERICO, CONDE DE: *Historia de la literatura y del arte dramático en España, traducida directamente del alemán al castellano por Eduardo de Mier.* Madrid, Imprenta y Fundición de M. Tello, 1885-87, 5 vols.
SCHEVILL, RUDOLPH: *Cervantes.* Nueva York, Duffield, 1919.

VALBUENA PRAT, ANGEL: *El teatro español en su siglo de oro.* Barcelona, Planeta, 1969.
— *Historia del teatro español.* Barcelona, Noguer, 1956.
— *Literatura dramática española.* Barcelona, Labor, 1950.
— «Una realización de "La Numancia" en Sagunto», en *Insula,* III, 15 de setiembre de 1948, núm. 33, p. 8.
VIRGILIO: *Enéide. Livres I-VI. Texte établi par Henri Goelzer et traduit par André Bellessort.* París, Les Belles Lettres, 1948.
— *Enéide. Livres VII-XII. Texte établi par René Durand et traduit par André Bellessort.* París, Les Belles Lettres, 1946.